Werner Kriesi, geboren 1932, lernt zuerst Schreiner, wird zum evangelikalen Prediger ausgebildet und arbeitet nach einem Theologiestudium dreißig Jahre als reformierter Pfarrer. Kurz vor seiner Pensionierung bittet ein Gemeindemitglied: «Nächste Woche will ich sterben. Wenn Sie kein Feigling sind, Herr Pfarrer ...» Werner Kriesi sagt zu, und bald wird er Freitodbegleiter bei der Sterbehilfeorganisation Exit. Seither hat Werner Kriesi Hunderte Menschen beim Sterben begleitet. Unheilbar Kranke, Lebenssatte, Verzweifelte, Zufriedene. Von der jungen, an Krebs erkrankten Mutter über den Wissenschaftler mit beginnender Demenz bis zum katholischen Priester, der mit Gott im Reinen ist.

In zahlreichen Gesprächen hat Werner Kriesi der Philosophin Suzann-Viola Renninger aus seinem Leben und von seinen Freitodbegleitungen erzählt. Sie haben diskutiert über das Sterbenwollen, Sterbenkönnen, Sterbendürfen. Eingeschoben sind Passagen über die moralischen Dilemmas, über philosophische und theologische Fragen, über die Geschichte des Freitods und der Schweizer Sterbehilfe und über den gesellschaftlichen Wandel im Umgang mit dem Sterbewillen kranker und verzweifelter Menschen.

Herausgekommen ist ein packendes, lebensnahes Buch, das sich von jeglichen Dogmatiken ab- und dem Erleben zuwendet: dem, was Menschen dazu bewegt, die Tür zum Freitod aufzustoßen.

Suzann-Viola Renninger promovierte nach einem Studium der Naturwissenschaften in Philosophie an der Ludwig-Maximilians-Universität München. Heute arbeitet sie als Philosophin an der Universität Zürich und war bis Herbst 2021 Leiterin des Ressorts Philosophie der Volkshochschule Zürich.

Suzann-Viola Renninger

WENN SIE KEIN FEIGLING SIND, HERR PFARRER

Werner Kriesi hilft sterben

Limmat Verlag
Zürich

Für meinen Vater & für Dinah

Die Erzählungen über folgende Personen sind anonymisiert und so verändert worden, dass einerseits die Identifikation nicht möglich ist, anderseits der Kern der Situation erhalten bleibt: Andelka, Judith, Martha, Simon, C. Sanders, die Jugendliebe, R. Wyrsch, der Staatsanwalt (Spaziergang auf dem Albis), Frau Elgar, David, Marie.

12 Glaub niemandem, der vom Schreibtisch aus philosophiert
17 Meine Mutter litt unsäglich
21 Die Affäre Haemmerli 1974

Andelka. Eine junge Mutter mit Krebs   24

29 Freiheit zum Tode
33 Augustinus: Wer sich selbst tötet, ist ein Mörder

Judith. Die Operationen helfen nicht   38

44 Lebensverlängerung als Sterbeverlängerung
47 Die Volksabstimmung 1977: Eine Panne der Demokratie?
49 Viele Begriffe, ein Wunsch
56 Thomas von Aquin: Gott ist es, der tötet und lebendig macht
60 Die Lebensfremdheit der Kirche

Martha. Auf lebenslange Pflege angewiesen   66

73 Die Leichenschau
76 Mein Ich vor sechzig Jahren – wir würden uns nicht verstehen
86 1982: Walter Baechi und Hedwig Zürcher gründen Exit
91 Artikel 115 Schweizerisches Strafgesetzbuch
96 Die Sterbehilfe und das Geld

Simon. Er folgt dem Wunsch seiner Frau   106

110 Freitodhilfe und Palliativpflege
114 Epikur: Nichts wird hier mehr verehrt als das Glück

C. Sanders. Ein Professor, der sich selbst verliert   122

125 Demenz. Wenn auch der Wille schwindet
130 Walter Jens und Hans Küng sind sich einig
136 Daher verlange ich … Die Patientenverfügung

140 Ich bin ein gläubiger Pfarrer
146 Die Jugendliebe
151 Der Stoiker Epiktet: Die Tür steht offen
156 Was in unserer Macht liegt
159 Wenn wir Ärzte das Thema ernster nähmen, bräuchte es Exit nicht
166 Rolf Sigg. Der Prix Courage für den «Todesengel»
170 Die Pionierzeit ist vorbei, der Pioniergeist muss bleiben

R. Wyrsch. Ein katholischer Priester hat genug   174

178 Die Jungen sollen das Maul halten

Spaziergang auf dem Albis   187

190 Seneca: Sterben lernen heißt leben lernen
195 Als Zeugin bei Frau Elgar
208 «Exit – Selbstbestimmung im Leben und im Sterben»

Der Basler Fall. Eine Zäsur   213

217 Das Moratorium. Wenn man etwas für recht hält, muss man es auch tun

David. Im Zweifelsfall später   224
Marie. Sie wartet nicht   229

232 Meinen Sie, ich sei ein Macho?
237 Dann springe ich. Keine Dienstleistung auf Abruf
244 Der Vater des Vaters

247 Im Goal
248 Anmerkungen

«Denn da ich es wollte
verschweigen, verschmachteten
meine Gebeine.»
Psalm 32.3

Was sagen Ihre Angehörigen dazu?

Sie wissen, dass ich mich nicht von ihnen pflegen lassen will.

Und ein Pflegeheim?

Nein. Auf keinen Fall.

Weil Sie nicht gewickelt und gefüttert werden wollen?

Niemals. Ich will bis an mein Lebensende denkfähig, sprachfähig, gehfähig sein.

Ein rechter Rigorismus.

Ja, meine heilige Trinität.

Werner Kriesi
Geb. 21. September 1932
Von Rafz und Dübendorf

Persönliche Erklärung als Ergänzung zu meiner Patientenverfügung:

Im Rückblick auf mein langes und insgesamt erfülltes Leben verstehe ich den Tod nicht als Tragödie, auch nicht als Strafe, sondern als natürliches Geschehen, dem alles Leben unterworfen ist.

Die Begrenzung unseres irdischen Daseins durch den Tod verleiht unserer menschlichen Existenz die inhaltsreiche Dichte und Intensität, die uns vor einer gedankenlosen und oberflächlichen Lebensführung bewahren kann, sofern wir uns bewusst sind, dass allein die Gesetze des Werdens und Vergehens eine dynamische Fortentwicklung allen Lebens ermöglichen. Ob der Tod zu einem definitiven Ende unserer Existenz führt oder ob er die Türe öffnet zu einer neuen, uns unbekannten Form eines «überirdischen» Lebens, wissen wir nicht – und brauchen es auch nicht zu wissen.

Getragen von der Gewissheit, dass der Tod einem tieferen Sinne entspricht und wir ihn deshalb nicht zu fürchten brauchen, will ich mein Leben nicht mit allen medizinischen Mitteln, die uns heute zur Verfügung stehen, künstlich in die Länge ziehen. Solange ich trotz meines hohen Alters mein Leben noch frei und vielfältig gestalten kann, bin ich gerne noch am Leben. Dies vor allem im Hinblick auf meine nächsten Angehörigen und meinen großen Freundeskreis. Aber nicht um jeden Preis!

Ich bin nicht bereit, medizinische Behandlungen über mich

ergehen zu lassen, die mich wohl am Leben erhalten, die aber zu einem Alterssiechtum führen könnten. Ich will keinen Verlust meiner geistigen Kräfte in Kauf nehmen. Ich will nur leben, solange meine Denk- und Sprachfähigkeit mir voll erhalten bleibt. Ich bin nicht bereit, in ein Alters- oder Pflegeheim einzutreten. Ich will keinerlei Art einer Pflegeabhängigkeit erdulden müssen. Ich will meinen Angehörigen niemals zur Last fallen. Ich erkenne keinen Sinn darin, während meiner letzten Lebensjahre, körperlich und geistig abgebaut, als Schatten meiner selbst dahinvegetieren zu müssen. Eher bin ich bereit, die Stunde meines Sterbens selber zu bestimmen und in würdiger Form mein Leben dann zu beenden, wenn ich dies für angemessen erachte.

Mit dieser persönlichen Erklärung fälle ich kein Werturteil über würdiges oder unwürdiges Leben im hohen Alter, das allgemeine Gültigkeit beanspruchen soll. Ich verstehe mein Denken als konsequent subjektive Wertung, die meiner eigenen Einstellung zum Leben und Sterben entspricht.

Diese Erklärung lässt einigen Spielraum der Interpretation meinen mich behandelnden Ärztinnen und Ärzten in einer Situation, in welcher ich selber nicht mehr ansprechbar sein sollte. In der beiliegenden Patientenverfügung sind die Personen aufgelistet, die befugt sind, an einer notwendigen Entscheidung mitzuwirken.

8135 Langnau am Albis, am 23. April 2020
Werner Kriesi

Glaub niemandem, der vom Schreibtisch aus philosophiert

Zu diesem Buch

Meist wissen wir ohne große Überlegungen, was wir zu tun haben, welche Entscheidungen richtig und welche Handlungen moralisch sind. Doch es gibt Situationen, in denen Gefühl und Verstand Gegensätzliches nahelegen. Wir schwanken und können der Frage nicht ausweichen: Was soll ich tun? Was soll ich tun, wenn ich nicht mehr leben mag, weil das Leiden zu groß ist? Was soll ich tun, wenn ein naher Angehöriger oder eine enge Freundin das Leben nicht mehr aushält und mich bittet, beim Sterben zu helfen?

Unsere moralische Orientierung umfängt uns. Wir wachsen in sie hinein, sie wird geformt durch das, was wir seit frühester Kindheit erleben. Sie ändert sich mit unseren Erfahrungen und kann durch Konflikte infrage gestellt werden. Doch für gewöhnlich ist sie so eng mit unserer Persönlichkeit und der uns prägenden Kultur und Religion verbunden, dass wir uns nur schwer vorstellen können, sie könnte auch anders sein.

Dieser gelebten, intuitiven Moral steht das Nachdenken gegenüber. Die kritische Auseinandersetzung mit der eigenen Moral, der Vergleich und der Kontrast mit anderen moralischen Orientierungen, kann den Blick öffnen. In der Philosophie wird das Nachdenken über die Moral als Ethik bezeichnet. Sie zeigt, auf welchen häufig nicht bewussten Voraussetzungen unsere intuitiven und von der Tradition geprägten Urteile beruhen. Die Ethik hält Begriffe, Prinzipien und Argumente parat, mit denen wir Ereignisse unter neuer Perspektive begreifen, einordnen und bewerten können. Dabei gilt der Verstand als das Mittel der Wahl. In der Praxis, der gelebten Moral hingegen führt er uns nie allein, sondern es leiten uns immer auch unsere Gefühle und unsere Intuition.

Auf was sollen wir uns nun verlassen, wenn wir vor kritischen Situationen stehen? Wenn wir zweifeln, ob wir den Sterbewunsch des Angehörigen, der Freundin mittragen und unterstützen sollen? Wenn wir selber sterben wollen, aber nicht können? Sollen wir der Tradition folgen, dem, was bisher üblich war? Sollen wir uns nach den Handlungsanweisungen der philosophischen oder theologischen Ethik richten, nach ihren meist allgemein formulierten Sätzen? Oder sollen wir auf unser Gefühl und unsere moralische Intuition hören, die uns schon den richtigen Weg weisen werden, wenn es konkret wird? Wie lässt sich die Brücke von den abstrakten Vorgaben der Theorie, den grundsätzlichen Überlegungen zum konkreten Einzelfall schlagen, der immer anders ist als alle anderen? Ist es nicht umgekehrt riskant, sich nicht von der Theorie aufklären zu lassen, sondern immer nur den eingespielten Mustern, Bauch und Herz zu folgen? Welchen Stellenwert nimmt bei alldem die Religion ein, die mit Überlieferung und Offenbarung, mit Gottes Wort und Willen argumentiert?

Helfen können hier Erzählungen. Erzählungen von dem, was Menschen in bestimmten Situationen entschieden haben und warum. Erzählungen von ihrer konkreten Not, ihren Bedürfnissen, ihren Wünschen. Erzählungen, die uns vor Augen führen, was sie bewegt, wenn sie den Freitod wählen. Es ist der Weg, den das vorliegende Buch einschlägt. Es enthält die Erlebnisse von Werner Kriesi, einem reformierten Pfarrer, der seit seiner Pensionierung 1997 als Freitodbegleiter für Exit tätig ist, die älteste Schweizer Sterbehilfeorganisation.

«Glaub niemandem, der vom Schreibtisch aus philosophiert und nie die warmen Pantoffeln auszieht», so sagte er bei unserem ersten Treffen. Er erzählte, wie es ihn prägte, als seine durch einen Hirnschlag gelähmte Mutter sterben wollte, aber nicht konnte. Wie ihn, viele Jahre später, die Bitte eines Gemeindemitglieds zu Exit brachte. Wie er Menschen half, deren größter Wunsch es war, zu sterben. Erlöst zu werden, wie sie es meist ausdrückten. Es waren Menschen, die litten. An tödlichen Krankheiten. An hohem Alter und Gebrechlichkeit. An Demenz und dem sich abzeichnenden Verlust des Selbst. An psychischen Erkrankungen oder Unfallfolgen. Und an Lebenssattheit oder Lebensüberdruss. Man müsse nah bei den Menschen sein, mittendrin in der Situation, um zu fühlen, um zu verstehen. Dann ändere sich die Einstellung. Den letzten Schritt in den Tod gehe jeder von uns allein. Doch zuvor, bis an die Schwelle, könnten wir uns die Hand reichen lassen.

Einen Sommer lang bis tief in den Herbst trafen wir uns beinahe jede Woche. Dieses Buch berichtet, wovon Werner Kriesi mir erzählt hat und was wir besprochen haben. Es enthält seine Erinnerungen an Menschen, die er in den Tod begleitete, und an Menschen, denen er dabei half, trotz Sterbewunsch weiterzuleben. Es enthält außerdem Passagen zur Geschichte von Exit wie auch zu Philosophen, deren Haltungen zum Selbstmord oder Freitod unsere Kultur geprägt haben.

Anfang Juni 2020

Frau Renninger, Sie haben versucht, mich zu erreichen.

Ja, ich wollte Sie fragen: Wäre jetzt nicht der Sommer für unser Buch?

Sie wissen, wie alt ich bin?

Ja, eben.

Wir lachen und verabreden uns für die kommende Woche.

10. Juni 2020

Sie wissen, wie alt ich bin?

Ja, 86.

Nein, 87.

Trotzdem.

Ende 1995, in seinem letzten Jahr als Pfarrer in Thalwil im Kanton Zürich, wartet ein Gemeindemitglied nach dem Gottesdienst vor der Kirche. Der Mann – er ist in seinen frühen Siebzigern – sitzt im Rollstuhl.

«Wenn Sie kein Feigling sind, Herr Pfarrer, dann sind Sie dabei.»

Schon fünfzehn Jahre lang ist Werner Kriesi Seelsorger dieses Mannes, er kennt ihn und seine Familie gut, hat zugehört, versucht zu stärken. Der Mann leidet an Sklerodermie, einer Verhärtung des Bindegewebes, die inzwischen auch Herz und Lunge ergriffen hat. Er hat das Gefühl, mehr und mehr zu versteinern. Rund um die Uhr auf die Pflege seiner Frau angewiesen, fällt ihm das Atmen zunehmend schwer.

«Immer wieder träume ich, wie ich eines Tages aus dem Rollstuhl falle, meine Atemschläuche dabei abreiße. Wie ich wie ein Tier am Boden verrecke.»

Der Mann schildert Werner Kriesi seine schier unerträglichen Schmerzen, sein Siechtum. Er hat einen Wunsch: Der Herr Pfarrer möge auch in seiner letzten Stunde auf Erden bei ihm sein, mit ihm und seiner Familie beten. Mit der Sterbehilfeorganisation Exit sei schon alles eingefädelt. Werner Kriesi hört zu, denkt an seine Mutter, deren Sterben und Leiden drei Jahre dauerte. Er ahnt, wie sehr die Krankheit ihn peinigt.

An dem Tag, an dem Exit dem Mann hilft, den Tod zu finden, ist Werner Kriesi als Seelsorger anwesend. Exit, die 1982 in der Deutschschweiz gegründete «Vereinigung zum humanen Sterben», hatte er bis zu diesem Zeitpunkt nur vom Hörensagen gekannt. Bald darauf, 1997, wird er Mitarbeiter bei Exit. Von 1998 bis 2006 ist er Vorstandsmitglied und Leiter der Gruppe von Frauen und Männern, die nach einer Ausbildung durch Exit als Freitodbegleiter zur Verfügung stehen, und von 1999 bis 2006 im Vorstand der neu gegründeten Ethikkommission.

Meine Mutter litt unsäglich

Herr Kriesi, wie wird man Freitodbegleiter?

Die Bitte meines Gemeindemitglieds, bei seinem Freitod dabei zu sein, war für mich ein Schlüsselerlebnis. Dieser lapidare Satz, als wir uns nach einem Gespräch über allgemeine Dinge vor der Kirche verabschiedeten: «Wenn Sie kein Feigling sind, Herr Pfarrer…» Er hat sich mir unvergesslich eingebrannt. In seiner Wirkung verdoppelt und verdreifacht durch die grässliche Erfahrung mit meiner Mutter. Ein Sterbemartyrium von drei Jahren! Mir kommt noch immer das Elend, wenn ich daran denke. Aus heutiger Sicht ein medizinisches Fehlverhalten, hervorgerufen dadurch, dass die medizinischen Möglichkeiten unbedacht, jedenfalls zu lange angewendet wurden. Dass man sie nach einer geschenkten Bewusstlosigkeit nicht hinübergleiten lassen konnte. Was für ein Irrsinn!

Zu Beginn der Achtzigerjahre erlitt meine Mutter zwei Hirnschläge, die sie mit leichten Beeinträchtigungen zurückließen. Nach dem dritten Hirnschlag einige Jahre darauf fiel sie in Bewusstlosigkeit. Sie war 76 Jahre alt. Hätte sie keine Magensonde und somit keine künstliche Ernährung erhalten, wäre sie wohl nach wenigen Tagen gestorben. Doch so überlebte sie. Als sie nach Wochen wieder erwachte, war sie am ganzen Körper gelähmt. Keinen kleinen Finger konnte sie mehr bewegen, keine Fliege mehr aus dem Gesicht verjagen. Auch sprechen konnte sie nicht mehr. Doch geistig war sie noch da. Klar im Kopf. Sie verstand alles, was gesprochen wurde, und musste Sprüche von frommen Leuten über sich ergehen lassen. Sätze, die in der lu-

therischen Übersetzung einen zynischen Klang haben. Aus Psalm 68 etwa: «Gott legt uns eine Last auf, aber er hilft uns auch.»* Denn es ist ja nicht Gott, der die Last auferlegt, sondern in diesem Fall die medizinische Technik.*

Drei Jahre starrte meine Mutter still und stumm an die weiße Decke des Pflegeheims. Dann endlich konnte sie sterben. Meine Geschwister und ich waren dankbar. Doch ich habe heute noch ein schlechtes Gewissen, dass wir damals nicht alle Hebel in Bewegung setzten, um unserer Mutter ein solch grässliches Lebensende zu ersparen.

Haben Sie jemals daran gedacht, Ihrer Mutter beim Sterben zu helfen?

Es gab keine legalen Mittel. Ein orales Mittel hätte man ihr nicht geben können, das war damals gar nicht denkbar. Zwar wäre es möglich gewesen, sie nicht mehr zu ernähren und so sterben zu lassen. Doch das hätte man niemals gemacht in diesem Heim, das sich übrigens sehr gut um sie kümmerte und ihr die beste Pflege gab. Das kritisiere ich nicht. Doch hätte ich meine Mutter gefragt, ob sie sterben möchte, sie hätte eingewilligt. Sie hätte mit dem Kopf noch Ja oder Nein signalisieren können. Solch ein sinnloses Sterbeleiden hat sie nicht gewollt.

Und die nicht legalen Mittel?

---

* Nach der Lutherbibel: «Gelobt sei der Herr täglich. Gott legt uns eine Last auf, aber er hilft uns auch.» Die sich näher ans Original haltende Übersetzung in der Zürcher Bibel lautet: «Gepriesen sei der Herr Tag für Tag, der uns trägt, der Gott, der unsere Hilfe ist» (Psalm 68.20).

Sie denken an den Film «Amour», in dem ein Mann nach fünfzig Jahren Ehe seine gelähmte Frau mit einem Kissen erstickt?

Ja. Unter anderem.

Unter einem Kissen zu ersticken, kann ein kurzes Leiden sein. Aber auch ein schreckliches. Wenige Sekunden können da zu einer Ewigkeit werden. In allen Ländern werden hochaltrige Menschen auf diese Weise umgebracht. Viel mehr, als die meisten auch nur ahnen, denn darüber wird nicht gesprochen. Doch ins Pflegeheim auf Besuch gehen, und danach ist die Patientin tot? Da haben Sie gleich den Staatsanwalt im Haus.

So haben Sie also damals über all diese Möglichkeiten nachgedacht, die legalen wie die nicht legalen?

Nicht bewusst. Wir haben uns zur Zeit des Leidens meiner Mutter keine Rechenschaft darüber abgelegt, ob wir ihr hätten helfen sollen zu sterben. Noch in den Achtzigerjahren war der Nimbus der Ärzte in den weißen Kitteln immens. Erst der Sterbewunsch des Gemeindemitglieds konfrontierte mich mit dem Gedanken, dass wir unter Umständen verpflichtet sein können, Angehörigen solch einen Wunsch zu erfüllen. Doch damals lag dies nicht innerhalb des Denkhorizonts, auch nicht in meinem.

Über dreißig Jahre habe ich als Seelsorger Menschen im Endstadium Krebs besucht. Immer wieder hörte ich ihr Klagen: «Herr Pfarrer, warum kann ich nicht sterben? Herr Pfarrer, warum lässt Gott mich so leiden? Herr Pfarrer, die Schmerzen machen mich kaputt.» Eine Antwort hatte ich nicht. Ich verließ die Betten dieser Menschen mit einem grässlichen Elendsgefühl.

Wir können heute kaum noch ermessen, wie sehr eine Organisation wie Exit die Notwendigkeit der Sterbe- und Freitod-

hilfe ins Bewusstsein der Menschen gebracht hat. Das war vor bald vierzig Jahren. Die Zeit war reif. Die «Affäre Haemmerli» hatte die Schweiz aufgewühlt.

Herr Kriesi, eine letzte Frage für heute: Bezeichnen Sie sich selbst als Sterbehelfer? Oder als Freitodbegleiter?

«Sterbehelfer» ist neutraler. Anderseits ist der Begriff von den Leuten besetzt, die tage- und nächtelang am Bett eines Sterbenden sitzen, mit diesem sprechen oder beten und Handreichungen bieten, wie Zunge feuchten, Stirne kühlen und Kissen schütteln. In den meisten Krankenhäusern und Pflegeheimen arbeiten solche Menschen – in der Regel ehrenamtlich –, und oft betonen sie energisch, sie würden nicht zum *Sterben, sondern* beim *Sterben helfen, meist im Ton einer eher gehobenen Moralität gegenüber den Helfern beim assistierten Suizid. Viele dieser Leute haben ein starkes Bedürfnis, sich von den Sterbehelfern abzugrenzen, die bei Organisationen wie Exit arbeiten. Ich selbst ziehe für mich die Bezeichnung Freitodbegleiter vor.*

Die Affäre Haemmerli 1974

Die «Affäre Haemmerli», wie sie bald genannt wird, beginnt im Dezember 1974, als sich Urs Peter Haemmerli, Chefarzt der Medizinischen Klinik am Zürcher Stadtspital Triemli, an die Zürcher Stadträtin Regula Pestalozzi wendet. Die Juristin ist als Vorsteherin des Gesundheits- und Wirtschaftsamts seine politische Vorgesetzte. Er vertraut ihr an, wie die «Neue Zürcher Zeitung» bald darauf berichtet, «was in medizinischen Kreisen, aber auch darüber hinaus, längst bekannt ist – auch wenn man nicht gerne davon gesprochen hat».[1] In einzelnen Fällen werde hoffnungslos Kranken, die gelähmt und nicht mehr bei Bewusstsein sind, nur noch Wasser zugeführt. Diese Beschreibung ergänzt Urs Haemmerli mit der Bemerkung, dass seine Klinik überbelegt sei.

Die Stadträtin ist schockiert und kommt zum Schluss, dass der Tatbestand der vorsätzlichen Tötung erfüllt sein könnte. Rund einen Monat später informiert sie die Zürcher Staatsanwaltschaft. Kurz darauf klingeln Kriminalbeamte am frühen Morgen an der Haustür des Chefarztes, teilen ihm mit, er sei verhaftet, durchsuchen ihn nach Waffen und nehmen ihn mit zum Verhör. Der Verdacht: Er würde Patienten die Nahrung entziehen, um ihr Ableben zu beschleunigen und so dem Bettenmangel in seiner Klinik zu begegnen.

Die Wellen schlagen hoch. Urs Haemmerli wird von seinem Chefarztposten freigestellt. Doch er – und nicht die Stadträtin, nicht die drohende Anklage – erhält viel Zuspruch. Die «Neue Zürcher Zeitung» berichtet, im Ton sachlich und das verständnisvolle Wohlwollen nicht verbergend. Das Klinikpersonal solidarisiert sich, die Medizinische Fakultät der Universität Zürich spricht ihm das Vertrauen aus. In weiten Kreisen der Bevölkerung erhält sein Tun hohe Zustimmung. In einer Stellungnahme zu Händen der Presse schreibt der Beschuldigte:

«Ich habe gegenüber meinen Patienten nie etwas getan oder angeordnet, was ich nicht bei meiner Mutter oder bei meinem Vater tun würde, wenn sie in der gleichen Lage wären wie der betreffende Patient. Wenn ich selber als Patient in der gleichen Lage wäre, würde ich mir von meinem behandelnden Arzt dasselbe Vorgehen wünschen.» Er fragt: «Unter welchen Umständen ist ein Arzt nicht mehr verpflichtet, weitere Bemühungen zur Lebensverlängerung eines unwiderruflich bewusstlosen und sicher dem Tod geweihten Patienten zu unternehmen?»[2]

Die Affäre wird europaweit diskutiert. Ende Jahr reist Urs Haemmerli nach New York City und hält einen Vortrag am 8. Jahreskongress des amerikanischen Bildungsrats zur Euthanasie. Die «New York Times» titelt am 7. Dezember 1975: «Arzt stellt Veränderung in der Haltung zur Euthanasie fest». Das Blatt hält aus seinem Vortrag fest, dass die enormen technischen Fortschritte in der Medizin es in den letzten Jahren möglich gemacht hätten, unheilbar kranke Patienten auf unbestimmte Zeit zu versorgen. Wir müssten uns daher wie nie zuvor der Frage stellen, ob wir sie auf natürliche Weise sterben lassen sollten. Das Fazit des Schweizers in den USA: «Ich denke (…), dass passive Euthanasie schließlich legalisiert werden wird.»[3]

Urs Haemmerli hatte mit Blick auf die Schweiz insofern unrecht, als die passive Euthanasie – im deutschsprachigen

Raum meist «passive Sterbehilfe» oder als «sterbenlassen» bezeichnet – in der Schweizer Gesetzgebung juristisch nie ausdrücklich sanktioniert war. Sie wird aber, wie der Ausgang der Affäre Haemmerli und die weiteren Entwicklungen zeigen werden, unter gewissen Bedingungen «als erlaubt angesehen», so die Formulierung des Bundesamtes für Justiz.[4]
1976, ein Jahr nach der Strafanzeige, stellt die Zürcher Staatsanwaltschaft das Verfahren ein. Urs Haemmerli ist rehabilitiert.

WERNER KRIESI ERZÄHLT

Andelka. Eine junge Mutter mit Krebs

Neben dem Hauseingang finde ich fünf Klingelknöpfe, alle in kaum leserlicher Handschrift angeschrieben. Eine dunkle, verwinkelte Treppe führt hinauf zur Wohnung. Hier wohnen Ausländer, die in der Schweiz Arbeit gefunden haben. Der Ehemann Andelkas bittet mich freundlich hinein. Einfache, gepflegte Zimmer mit ringsherum großen Fenstern. Ein etwa dreijähriges Mädchen fährt in forschem Tempo mit einem Dreirad vom Gang in die Stube, rings um den Stubentisch, wieder in den Gang zurück und so mit Vergnügen hin und her. Die junge Mutter kommt am Stock in die Stube. Wir begrüßen uns.

Gestern Abend sprachen wir am Telefon das erste Mal miteinander, heute fühlen wir uns einander bereits vertraut. Andelkas Muttersprache ist Kroatisch, sie versteht alles, was ich sage. Doch ihr Deutsch ist gebrochen, und ich muss oft nachfragen. Mit größter Mühe versucht sie sich zu beherrschen, da sie wohl vor mir nicht weinen will. Sie leidet an einem unheilbaren Osteosarkom, an Knochenkrebs, der vor einem Dreivierteljahr diagnostiziert wurde. Metastasen in den Lungen führen inzwischen zu schwerer Atemnot. Der Onkologe hat schon zum dritten Mal eine Chemotherapie verordnet. Nicht zur Heilung, sondern als palliative Maßnahme, die im besten Falle zu einer Atemerleichterung führen kann.

Schweigend, in sich versunken, sitzt der Ehemann auf dem Sofa, das kleine Mädchen fährt Runde um Runde auf dem Drei-

rad um den Stubentisch. Wenn es an mir vorbeikommt, strahlt es mich an, will ein Kompliment. Andelka nimmt ihr Kind schließlich hoch, drückt es an ihre Brust, streichelt ihm über das Haar. Sie beginnt zu weinen, bald schluchzt sie heftig. Ich ziehe mich zurück, gehe hinaus in den Korridor. Sie und ihr Ehemann sollen sich in ihrem Schmerz nicht beobachtet fühlen. Auch empfinde ich jeden Versuch eines Trostworts in einer solchen Situation als reinen Zynismus.

Andelkas Eltern betreiben in Kroatien einen Bauernhof mit ein wenig Viehwirtschaft sowie Maisanbau. Hier wuchs sie mit vier Brüdern auf. In die Schweiz kam sie vor zehn Jahren, weil die wirtschaftlichen Verhältnisse daheim eine anständig bezahlte Arbeit nicht erlaubten. Andelka fand eine Anstellung in einem Privathaushalt. Ihre Arbeitgeberin, eine Anwältin, ist der jungen Frau sehr zugetan und hilft, wo immer sie nur kann. In den Akten von Exit ist sie als Kontaktperson aufgeführt.

Der Ehemann ruft mich in die Stube zurück. Das Kind fährt alsbald wieder seine Runden, und wir setzen unser Gespräch fort.

Als sich der Krebs immer tiefer in dem rechten Oberschenkelknochen ausgebreitet hatte, wurden die Schmerzen trotz hoher Morphiumdosen unerträglich. Die Ärzte schlugen vor, das Bein samt einem Teil des Hüftknochens zu amputieren. Andelka lehnte ab: «Das wäre eine Monsteroperation. Jetzt kann ich immerhin mit dem Stock noch in der Wohnung herumgehen. Nachher sitze ich im Rollstuhl. So oder so werde ich sterben. Ich spüre, wie der Krebs meine Lungen frisst, mit jeder Woche geht mein Atem schwerer.»

Andelkas Ehemann kam Jahre nach ihr in die Schweiz, arbeitet seither in einem Gemüsegeschäft. Seine Deutschkennt-

nisse beschränken sich auf das dort täglich verwendete Vokabular. Ein differenziertes Gespräch mit mir über Krankheit, Schmerzen, Sterbehilfe und Tod überfordert sein Sprachvermögen. Doch Andelka versichert mir, ihr Mann sei mit ihrem Entscheid zu sterben nach langer innerer Auseinandersetzung einverstanden. Er erlebe ihre Schmerzen und wisse von den Ärzten, dass es keine Hoffnung auf Heilung gebe. Seit einigen Monaten befasst sich das Ehepaar mit der Frage eines Freitodes.

Sie spricht über ihre große Angst. Vor dem Sterben und vor allem, dass sie auf diese Weise, mithilfe eines Sterbemittels, sterben wolle. Sie verstehe ihr Schicksal nicht. Sie sei doch immer gut gewesen zu den Menschen, warum müsse die furchtbare Krankheit gerade sie treffen? Daher will sie auch vermeiden, dass jemand aus ihrer Verwandtschaft von ihrem Freitod erfährt. Das würde in Kroatien niemand verstehen. Die seien nicht nur konservativ katholisch, sondern auch abergläubisch. «Eine alte Frau aus der Verwandtschaft erzählt, ich sei verhext worden. Nur so sei die Krankheit zu erklären.» Diese hätte sogar schon einen Priester organisiert, der zur Teufelsaustreibung in die Schweiz reisen wollte. Andelka lehnte energisch ab.

Als ich sie frage, ob sie mit einem katholischen Priester aus der Schweiz sprechen möchte, verneint sie. Ich schließe daraus, dass sie und ihr Mann sich bereits von ihrem Kindheitsglauben distanziert haben, in ihren tieferen Gefühlen aber noch an die Glaubensüberlieferungen ihrer Herkunft gebunden sind. Ich versuche der jungen Frau die Gewissheit zu vermitteln, dass sie ein gutes Leben geführt habe, eine sehr gute Mutter und allseits geschätzte Frau sei und ihre Krankheit mit einer göttlichen Strafe nichts zu tun habe. Ich bestärke sie in ihrer Einsicht, dass Fege-

feuer und ewige göttliche Verdammnis ein Relikt des geistigen Terrors der mittelalterlichen Kirche sind.

Mehr ist im Rahmen eines Erstgesprächs, zudem mit der beschränkten sprachlichen Verständigung, nicht möglich. Ein Kroatisch sprechender und der Freitodhilfe gegenüber liberal denkender Psychotherapeut wäre jetzt die angemessene Hilfe. Ein solcher Schritt wäre vor einigen Monaten oder Wochen angebracht gewesen und hätte von vernünftig denkenden Ärzten auch veranlasst werden müssen.

Als ich in der Nacht heimfahre, werde ich vom Schmerz über das Leiden dieser Frau überwältigt. Man müsste wohl ein Herz aus Stein haben, wenn man sich in einer solchen Situation nicht schwer bedrücken ließe.

Am nächsten Morgen rufe ich den langjährigen Hausarzt von Andelka an und informiere ihn über die baldige Freitodhilfe. Er schreibt mir eine drohende Mail, bestreitet die Gültigkeit des bereits bestehenden Rezeptes eines Kollegen für das Sterbemittel und droht mit einer Klage vor Gericht. Die Krankheit, so behauptet er, sei nicht hoffnungslos, und es bestünden noch sinnvolle Möglichkeiten der Behandlung. Damit widerspricht er der Diagnose des Onkologen, der schon vor Wochen eine «palliative Chemotherapie» verordnet hat, die nach den Richtlinien der WHO als die umfassende Versorgung eines sterbenden Menschen definiert ist, ohne dessen Leben zu verlängern oder zu verkürzen. Palliativmedizin wird somit eingesetzt, wenn nach ärztlichem Ermessen keine Heilungschancen mehr gegeben sind.

Andelka wird medizinisch bestens betreut und erlebt liebevolle Zuwendung von verschiedenen Seiten. Doch ist sie an der Grenze dessen angelangt, was sie physisch und psychisch an Leiden aushalten kann. Ungeachtet des unaussprechbaren Schmerzes, Kind und Ehemann verlassen zu müssen, möchte sie innert der nächsten zwei Wochen sterben. Exit zieht einen weiteren Arzt hinzu, der nach einer ausführlichen Begutachtung schließlich ein neues Rezept ausstellt.

Als Andelka am Tag ihres Sterbens mit bereits gesteckter Infusion auf dem Bett liegt, wünscht sie, das Vaterunser zu beten. Mit ihrer rechten Hand umklammert sie mein Handgelenk, und während der letzten Worte des gemeinsam gesprochenen Gebetes öffnet sie mit der anderen die Infusion. Wenige Sekunden später sinkt sie in den tödlichen Schlaf.

Freiheit zum Tode

Selbstmord, Suizid, Hand an sich legen, sich umbringen, sich selbst töten. Wenn ein Mensch mit Absicht sein Leben beendet, gibt es viele Weisen, dies auszudrücken. Herr Kriesi, Sie sprechen vom Suizid, doch fast ebenso oft vom Freitod.

Den Begriff Suizid versuche ich eigentlich zu vermeiden, ich spreche lieber vom Freitod. Den Begriff Selbstmord verwende ich nie. Denn der Selbstmord wurde von der Kirche verteufelt. Allen voran Augustinus. Schreiben Sie etwas zu ihm?

Ja, mach' ich. Doch zuvor noch eine Bemerkung. In der Philosophie unterscheiden wir zwischen sogenannten dichten und dünnen Begriffen. Dichte Begriffe sind die, die gleichzeitig beschreiben und bewerten. Der Begriff für etwas, was wir tun, ist dann mit moralischen Wertungen aufgeladen oder eingekleidet.

Wenn wir uns die lateinischen Sprachwurzeln ansehen, heißt ja der gewissermaßen nackte Begriff Suizid nur: sich selbst töten. Es ist ein dünner Begriff. Beim deutschen Selbstmord geht der *Mord* auf das indogermanische Verb *mer* zurück, das Sterben bedeutet. Etwas umständlich, rein von den Sprachwurzeln her gesehen, lässt sich Selbstmord wohl ausdrücken als sich selbst die Mittel zum Sterben geben. So gesehen ist also auch er ein dünner Begriff.

Doch so verstehen wir ihn nicht. Wertungen sind hinzugekommen. «Selbstmord» ist, in Ihren Worten, zu einem dichten Begriff geworden.

In der Schweiz lässt sich über die letzten dreißig Jahre eine Veränderung beobachten. Es wird, geht es um Freitodhilfe von Organisationen wie von Exit, oft vom begleiteten Suizid oder assistierten Freitod gesprochen. Die Schweizer Gesellschaft bejaht diese Möglichkeit zunehmend, sieht sie also nicht mehr als moralisch anstößigen Mord, sondern als Hilfe zur Selbsttötung. Mord grenzt sich ja von allen anderen Tötungsdelikten durch die verwerfliche Gesinnung ab.

Sie sehen die Entwicklung rosiger als ich. Nicht nur der Begriff Selbstmord, auch der Begriff Suizid ist so von moralischer Verwerflichkeit aufgeladen, dass er sich kaum ohne diese denken lässt. Nochmals in Ihren Worten: Auch er ist zu einem dichten Begriff geworden. Und so ist auch der Begriff begleiteter oder assistierter Suizid in ein falsches Licht geraten, der viel häufiger als der Begriff Freitod verwendet wird. Eine Belastung für die Betroffenen. Für Andelka, über die wir gerade sprachen. Für ihren Mann. Für mich. Für alle, die ihr halfen. Daher ziehe ich den Begriff Freitod vor, wenn ich von der Sterbehilfe spreche. Wir helfen beim Freitod. Es ist ein assistierter Freitod, für den ich eintrete und dem sich Exit verschrieben hat.

Umgekehrt ließe sich Ihnen vorwerfen, dass Freitod ebenfalls ein suggestiv aufgeladener und somit auch manipulativer Begriff ist. Mit Freiheit verbinden wir Positives, Erstrebenswertes, Gutes. Freiheit ist ein Ideal. Und dies färbt in der Kombination auf den Begriff Freitod ab, der so gesehen profitiert. Gegner der Sterbehilfe sagen ja deswegen auch, es sei der schöngeredete Selbstmord, den Sie propagieren und zu dem die Sterbehilfeorganisationen Unterstützung anbieten. Sie würden mit dem Begriff Freitod verschleiern, um was es eigentlich gehe, nämlich den Mord, das Verbrechen an sich selbst. Das Bundesamt für Justiz übrigens verwendet in seinen Definitionen zu den verschiedenen Formen der Sterbehilfe den Begriff Selbstmord und setzt in Klammern dahinter «auch Suizidhilfe genannt». Den Begriff Freitod gebraucht es nicht.[5] Eine weitere kritische Frage ist: Welche Art von Freiheit ist hier gemeint?

Es ist schwierig, zu verallgemeinern. Ein Tetraplegiker etwa, der sein behindertes Leben im Rollstuhl nicht aushält, dessen Entscheid ist nicht zu vergleichen mit dem eines Menschen, der terminal an Krebs erkrankt ist und bald sterben wird. Denn der Tetraplegiker könnte weiterleben. Er kürzt mit dem Freitod sein Leben ab. Dem terminal Krebskranken hingegen ist die Zukunft verwehrt, seine Krankheit führt bald zum Tod. Er kürzt mit seinem Freitod das bereits eingetretene Sterbeleiden ab.

Und dennoch, ungeachtet dieser Unterschiede, ist bei beiden die Freiheit eingeschränkt. Man könnte Ihnen leicht Zynismus vorwerfen, da diesen Menschen vergleichsweise weniger Möglichkeiten, weniger Freiheiten zur Verfügung stehen als gesunden und nicht behinderten Menschen.

«Niemand kann dem Menschen die Freiheit nehmen, sich zu seinem Schicksal so oder so einzustellen.» Dies ist ein Zitat von Viktor Frankl, dem Begründer der Logotherapie. Ich las es vor langer Zeit und kann es selbst nicht besser ausdrücken.

Auch die Zeilen eines Gebets gehen mir nicht mehr aus dem Sinn. Meist wird es dem amerikanischen Theologen Reinhold Niebuhr zugeschrieben, sein Ursprung geht aber wohl weit zurück ins Mittelalter:

*«Gott, gib mir die Gelassenheit,
Dinge hinzunehmen, die ich nicht ändern kann,
den Mut, Dinge zu ändern, die ich ändern kann,
und die Weisheit, das eine vom anderen zu unterscheiden.»*

Sie meinen, auch wenn wir nicht ändern können, was mit uns geschieht, so können wir doch ändern, wie wir damit umgehen?

Ja, denn wenn ich gelähmt oder krebskrank bin, dann kann ich das nicht ändern. Das ist mein Schicksal. Doch ich habe die Freiheit zu entscheiden, wie ich damit umgehe, also ob ich mein Leben mit der Behinderung oder der Krankheit bis zum Schluss leben will – oder ob ich es durch ein selbstbestimmtes Sterben abkürze.

Das erinnert mich an die Stoa, an das, was Seneca oder auch Epiktet vor bald zweitausend Jahren lehrten. Lassen Sie uns später darauf zurückkommen. Nun erst mal Augustinus.

Augustinus: Wer sich selbst tötet, ist ein Mörder

«Gebt acht, dass es niemandem gelingt, euch einzufangen durch Philosophie, durch leeren Betrug, der sich auf menschliche Überlieferung beruft, auf die kosmischen Elemente und nicht auf Christus.» So heißt es im «Brief an die Kolosser», der von der Tradition dem Apostel Paulus zugeschrieben wird.[6] Es ist eine Warnung, die Augustinus in seine Lehren übernimmt.

Zwar versteht sich auch Augustinus als Philosoph, als jemand also, der nach Weisheit strebt. Doch er ist Christ, und daher sieht er sich vom Verdikt des Apostels ausgenommen, das nur für Heidenphilosophen gilt. Von 396 bis zu seinem Lebensende 430 amtet Augustinus als Bischof von Hippo, einer Hafenstadt im Osten Algeriens. Sein Einfluss auf das noch junge Christentum ist immens. Bis heute prägen seine Lehren und Überzeugungen die westlichen Kirchen, die ihn mit dem Ehrentitel eines Kirchenvaters versehen haben.

Woher die Skepsis gegenüber den nichtchristlichen Philosophen? Weil, so Augustinus, nicht Gott der Gegenstand ihrer Untersuchung sei, sondern die «Elemente dieser Welt»[7], die kosmischen Elemente also, wie es im Apostelbrief heißt. Augustinus zählt zu den nichtchristlichen Philosophen vor allen anderen die Epikureer und Stoiker, lehren diese beiden philosophischen Richtungen doch, dass das Glück nicht im Jenseits zu suchen und zu finden sei. Sondern jetzt und im Diesseits, während unserer Lebenszeit, hier auf Erden. Wir seien auf der Welt, um uns unseres Daseins zu erfreuen, wir würden leben, um zu genießen – und nicht, um die Liebe Gottes zu erwerben oder um auf die Erlösung zu hoffen.

Augustinus' Pontifikat ist für die Christen eine unruhige Zeit. Zwar war das Christentum seit 380 Staatsreligion im Römischen Reich, doch 410 wird Rom durch die heidnischen Westgoten erobert und geplündert. Zahlreiche christliche Frauen werden vergewaltigt, und Augustinus muss die an ihn gerichtete dringliche Anfrage beantworten, ob es richtig sei, wenn sich die «geschändeten christlichen Jungfrauen» aus Scham und Verzweiflung selbst töten.

Seine Antwort ist kurz und bündig: *Qui se ipsum occidit, homicida est. Auch wer sich selbst tötet, der ist ein Mörder.*[8] Dies erklärt Augustinus gleich zu Beginn seines Werkes «Vom Gottesstaat». Das Verbot gilt nicht nur für geschändete Jungfrauen, sondern für jeden, der glaubt, sich mit noch so guten Gründen das Leben nehmen zu müssen. Nirgends in der Heiligen Schrift, so Augustinus, gäbe es eine Stelle, die erlauben würde, sich selbst das Leben zu nehmen, um irgendein Übel zu vermeiden oder zu beseitigen. Die einzige Ausnahme sei Gottes Befehl. Hinzu kommt: Der Selbstmörder lade umso größere Schuld auf sich, je weniger er schuld sei an der Ursache, die ihn zum Selbstmord treibe. «Du sollst nicht töten», das fünfte Gebot, liest Augustinus somit als: «Du sollst nicht töten, weder einen anderen noch dich selbst».[9] Wer es dennoch tut, sei verdammt, sei endgültig verloren und komme ins ewige Feuer, das den Leib peinige.[10] So folgt eine Pein auf die andere; eine Erlösung gibt es nicht.

«Seht zu, dass euch niemand einfange durch die Philosophie.» In den Jahrhunderten vor Augustinus hatten die Heidenphilosophen der Stoa und des Epikureismus weder den

Tod durch eigene Hand noch die Hilfe dazu verdammt. Im Gegenteil, sie unterstützen ihn als einen Ausweg als eine offene Tür, wenn etwa ein Kranker so leidet, dass er es nicht mehr auszuhalten vermochte. Augustinus setzt all die Wortgewalt seiner Rhetorik und Ausdruckskraft ein, um diese Philosophen zu diffamieren. Wunderlich dreist seien sie, verlogen, verblödet, hochmütig und stumpfsinnig, da sie glaubten, das höchste Gut, die Glückseligkeit, sei im diesseitigen, sei im endlichen Leben hier unten auf der Erde zu finden. Doch der Herr, so Augustinus, kenne ihre Gedanken «und weiß, dass sie nichtig sind».[11]

Augustinus schildert das Elend irdischen Daseins. All das, was wir als gut empfinden, fällt der Zerstörung anheim. Alle körperlichen Güter werden zu Übeln. Die Gesundheit etwa? Labil. Schönheit und Anmut? Vernichtet. Die Kraft? Ermattet. Der Körper? Versteift. Die Glieder? Gelähmt, verstümmelt, zitternd. Das Rückgrat? Gekrümmt. Der Mensch? Ein Vierfüßler jetzt, kriechend im Elend. Des Geistes «angeborene Güter»? Blind sind jetzt die Augen, taub die Ohren, verrückt der Verstand, ergriffen von Dämonen. Und was tun die Heidenphilosophen? Sie entwickeln, so Augustinus entrüstet, Tugenden und lehren Mäßigung, Klugheit, Gerechtigkeit und Mut, um mit all diesen Gebrechen umzugehen. Doch nicht nur das, sie empfehlen sogar den «Selbstmord»:

«Mit wunderlicher Dreistigkeit sprechen die stoischen Philosophen diesen Übeln die Eigenschaft von Übeln ab, da sie doch im selben Atemzug behaupten, der Weise werde, wenn sie so überhandnähmen, dass er sie nicht ertragen könne oder dürfe, zum Selbstmord und zum Scheiden aus diesem Leben genötigt.»

Die entscheidende Frage ist: Warum soll es nicht dennoch möglich sein, im Rahmen der Conditio humana, der nun mal unabweisbaren Umstände des Menschseins, unserer Fragilität und Sterblichkeit, glücklich und zufrieden zu sein? Und mit Hilfe der vier antiken Tugenden – Gerechtigkeit, Klugheit, Mäßigung und Tapferkeit –, auch die Entscheidung zu fällen, dass der Weg des Freitods der für uns richtige sein kann? Augustinus spottet: «Ei, welch glückliches Leben, das den Tod zu Hilfe ruft, um ein Ende zu finden! Ist es glücklich, so sollte man es doch festhalten!»

Und was rät er selbst? Augustinus ruft zur Geduld auf, zur Hoffnung aufs Himmelreich, aufs Jenseits, «denn wir stecken in Übeln, und die müssen wir geduldig ertragen, bis wir zu jenen Gütern gelangen, wo alles von der Art sein wird, dass wir uns daran unsagbar erfreuen, und nichts von der Art, dass wir es noch ertragen müssten. Solch ein Heil, wie es in der künftigen Welt eintreten wird, wird zugleich die vollendete Glückseligkeit sein.»

Die Kirche wird Augustinus folgen. Die Verdammung der Selbsttötung wird zur offiziellen Position und prägt die gesellschaftliche Meinung bis heute. Die Gleichstellung von Mord und Selbstmord zeigt sich auch in der Art der Bestrafung. Bis ins 16. Jahrhundert wird etwa in der Schweiz die Leiche des Selbstmörders aufgehängt, gerädert, enthauptet – hingerichtet also, als sei sie ein lebendiger Verbrecher. Danach wird sie vom Scharfrichter, nicht von einem Geistlichen, außerhalb des Friedhofs verscharrt oder in einem Fass in den Fluss geworfen.

Im 19. Jahrhundert setzt sich mit der aufkommenden modernen Psychiatrie die Idee durch, Selbstmord sei eine geistige Krankheit. Die juristischen Sanktionen werden durch wissenschaftliche Erklärungsansätze abgelöst. Doch noch im frühen 20. Jahrhundert wird Menschen, die sich selbst das Leben genommen haben, eine gleichwertige Bestattung auf Friedhöfen verweigert. Ihre Gräber werden mit einem niedrigen Eisengitter umzäunt, das den Selbstmörder daran hindern soll, als Wiedergänger seine Grabstelle zu verlassen.[12]

WERNER KRIESI ERZÄHLT

Judith. Die Operationen helfen nicht

Als ich Judith kennenlerne, ist sie 39 Jahre alt, im selben Alter wie mein jüngster Sohn.

Aus ihrem Zimmer blicken wir auf die umliegenden Wiesen und Obstgärten, die sich frühlingsprächtig vor unseren Augen ausbreiten. Neuere Bauten bilden zusammen mit einigen alten Bauernhäusern ein kleines, idyllisch wirkendes Dorf. Vor mir sitzt, gelassen und ruhig, eine sehr jung wirkende Frau. Sie entschuldigt sich, dass sie unser Gespräch nicht ohne regelmäßige Schmerzmittelgabe durchhalten könne. Sie zieht den Rock ein wenig übers Knie und setzt sich eine Spritze in den Oberschenkel.

Seit ihrer Kindheit leidet Judith an Pankreatitis, einer chronischen Bauchspeicheldrüsenentzündung. Ständig wiederkehrende Schmerzschübe, Übelkeit und Erbrechen quälen sie die gesamte Schulzeit hindurch, ohne dass die Krankheit richtig diagnostiziert wird. Man denkt, sie sei halt ein übersensibles Kind. Nach der Matura studiert sie Ingenieurswissenschaften, muss jedoch wegen der stetigen Schmerzen abbrechen.

«Ich bin zwar noch jung», erzählt sie, «doch ich habe alles gehabt, was das Leben einem Menschen bieten kann, vielleicht dürfen wir gar nicht mehr erwarten. Wir sind geneigt, vor allem in den westlichen Ländern, unsere Erwartungen an das Leben zu überfrachten. Damit sind dann so viele Enttäuschungen verbunden, die gar nicht sein müssten. Ich konnte ja trotz meiner

Krankheit in die Schule gehen. Nur einige Semester hätten gefehlt und ich hätte mein Studium mit meiner Masterarbeit beenden können. Einmal war ich mit einem guten Mann verheiratet. Die Trennung war nicht zu umgehen. Ich war zu krank. Das weiß ich heute. Einige Jahre engagierte ich mich beim Schweizerischen Roten Kreuz. Ich habe die Welt kennengelernt! Im Guten wie im Schweren. Es genügt.»

Knapp dreißigjährig erleidet Judith einen akuten Schub. Die Hälfte des Magens, der Zwölffingerdarm, die Galle sowie die Milz müssen operativ entfernt werden. Bald darauf folgt ein Darmdurchbruch. Innerhalb eines Monats wird sie fünfmal operiert. Seither ernährt sie sich nur von Joghurt und allerlei Breispeisen. Mehr als zwanzigmal täglich spritzt sie sich ein Morphiumpräparat, das ihren ganzen Körper betäubt. Ohne diese Keule müsste sie sich, wie sie sagt, an der Wand den Kopf einrennen. Kurz vor Weihnachten vergangenen Jahres hält sie es nicht mehr aus. Sie versucht sich mit einer wilden Mischung von Medikamenten das Leben zu nehmen. Sie wird gefunden und reanimiert. Als sie erwacht, erfasst sie ein Heulkrampf. Sie ist derart verzweifelt, dass sie ihre Retter anschreit.

Judith spricht in aller Ruhe. Sie fürchte sich nicht vor dem Tod, denn sie wisse, dass «das Innere des Menschen» unsterblich sei. Oft würde sie ruhig auf dem Bett liegen und spüren, wie ihre Seele aus ihr herausfließe und spazieren gehe. Sie zeigt auf die blühende Wiese mit den Obstbäumen und sagt: «Schauen Sie dort! Dort ist dann meine Seele. Ich bleibe derweil ruhig auf meinem Bett und atme den Duft der Blüten, den meine Seele zu mir strömen lässt. Wenn meine Seele in den Körper zurückkommt, empfinde ich einen kleinen Ruck in meiner Brust, dieselbe feine Bewegung, mit der sie auch meinen Körper verlässt.

Durch die Seelenreisen weiß, ich, es geht weiter. Mein frühes Sterben sagt mir, ich werde an einem anderen Ort gebraucht. Wo und wie, das weiß ich nicht, brauche ich auch nicht zu wissen, aber ich weiß, es geht weiter! Wenn es nicht so wäre, wäre menschliches Leben und Leiden doch ein böser Witz!»

Solche Erlebnisse würde sie sonst niemandem erzählen, denn sie fürchte abschätzige Bemerkungen von Menschen, die kein Verständnis hätten für Erfahrungen, die über den normalen Alltag hinausgehen.

Judith ist nicht lebensmüde, aber ihre seelischen und körperlichen Kräfte sind aufgezehrt. Sie wünscht, an dem Tag sterben zu können, an dem sie geheiratet hat. An der Wand hängt ihr Hochzeitskleid, in dem sie eingesargt werden möchte. Bei meinem dritten Besuch bestimmt sie den Tag, an welchem sie ihrem Leben ein Ende setzen will. Der Hausarzt hat das Rezept für das Sterbemittel bereits ausgestellt.

Zwei Tage vor dem abgesprochenen Sterbetag ruft sie mich an. Sie sagt ab. Mehrfach vereinbart sie mit mir einen neuen Termin. Nach der fünften Absage höre ich nichts mehr von ihr.

Worüber sprachen Sie bei solchen Anrufen?

Ich sagte Judith, dass es so gut sei, und versicherte ihr, dass sie mit bestem Gewissen immer wieder Termine widerrufen könne. Nur sie allein könne wissen und spüren, ob sie ihrem Leben ein Ende setzen wolle und wann der richtige Zeitpunkt sei. Ich sagte, dass sie wieder auf mich zukommen könne, sollte sie einen neuen Termin wünschen. Und dass sie frei sei, auch diesen Termin jederzeit abzusagen.

Fünfmal ein Termin und fünfmal die Absage. Es wirkt, als ob Judith sich nicht sicher war, ausprobierte, was passiert, was sie fühlt und was sie denkt, wenn sie einen Termin festlegt.

Ja, es ist wie eine Art Experimentieren mit der eigenen Seele. Ich habe das oft erlebt. Wenn jemand unsicher ist, schlage ich daher manchmal vor: Setzen Sie mal einen Termin. Und schauen Sie, was Ihre Seele macht und Ihr Bauchgefühl sagt. Bei Judith spürte ich eine schon länger andauernde innere Auseinandersetzung zwischen Lebenswillen und Sterbewunsch. Die Aufgabe eines Freitodbegleiters kann dabei nur sein, in solch einer Situation stützend zu begleiten. Und keinesfalls zu werten, keinesfalls in eine Richtung zu lenken. Und zu betonen, dass man jederzeit absagen und auch jederzeit einen neuen Termin holen könne. Ohne Erklärung. Ohne Rechtfertigung.

Zu den beißenden Kritiken an Exit gehört, dass es um knallhartes Business mit Betriebszielen und Marketing gehe. Dass mit anderen einschlägigen Organisationen um zahlungsbereite Sterbewillige am Todesmarkt konkurriert werde. Und dass es daher auch kein Zurück mehr gebe, hätte jemand einen Termin zum Vorgespräch vereinbart.[13]

Eine realitätsfremde Vorstellung, dass jemand, der die Hilfe von Exit in Anspruch nehmen möchte, dann auch gezwungen sei zu sterben. Die Tatsache ist: Wir ermutigen die Menschen, sorgsam auf ihre innere Stimme zu hören. Und sich jederzeit die Freiheit zu nehmen, das zu tun, was sie richtig finden. Dazu gehört auch, dass sie immer absagen können. Auch wenn wir schon da sind, der Sterbetrunk oder die Infusion schon bereitstehen. Jederzeit ist ein Nein möglich. Wir erleben das immer wieder.
  Auch telefoniere ich immer am Vorabend, um zu hören, wie es

diesem Menschen geht, der seine letzte Nacht vor sich hat. Dann spüre ich, ob sie oder er wirklich entschlossen ist. Es kommt vor, dass die Person dann absagt oder verschiebt. Und ich werde es immer wieder betonen: Gerade weil die Menschen unsicher sein und ausprobieren dürfen, fühlen sie sich entlastet und können sich danach zum Weiterleben entschließen. Dieser ganze Weg der Freitodvorbereitung ist ein Weg der Klärung: Passt diese Art des Freitods für mich oder nicht? Und daher beendet rund ein Drittel der Menschen diesen Weg auch nicht mit dem assistierten Freitod, sondern wählen eine andere Abzweigung.

Einmal war ich in einem Altersheim, um einen über achtzigjährigen Mann zu begleiten. Er war die Wochen zuvor immer wieder sehr verärgert, dass die Vorbereitung so lange dauerte. Ständig drängte er mich, alles zu beschleunigen. Nun saß er am Bettrand, das Glas mit dem Sterbemittel in der Hand. Er schaute hinein. Sonst nichts. Er saß einfach nur da und schaute ins Glas. Da habe ich gesagt: «Wollen Sie mir das Glas zurückgeben? Kommen Sie, wir stellen das Glas auf die Seite …» Ich hatte den Eindruck, dass er sich dies nicht traute, weil er zuvor so gedrängt hatte. Er schwieg. Ich sagte: «Es ist selbstverständlich, dass Sie zweifeln. Das können Sie mit bestem Gewissen.» Er schwieg. Die Knöchel der Hand, die das Glas umklammerten, wurden weiß. Schließlich murmelte er: «Ja, ich will es mir nochmals überlegen.» Eine Zeit lang habe er gedacht, es müsse endlich vorwärtsgehen. Doch jetzt würde er merken, dass er noch zu sehr am Leben hänge. Wir haben uns dann in einer sehr guten Stimmung voneinander verabschiedet. Er war gelöst und zufrieden. Später habe ich erfahren, dass er ein Vierteljahr danach ohne Exit gestorben sei.

Nachdem Judith ein fünftes Mal abgesagt hat, haben Sie nichts mehr von ihr gehört?

In einer solchen Situation nehme ich, nimmt Exit, nicht wieder Kontakt auf. Wir bleiben passiv, machen alles abhängig von einer erneuten Initiative der Person. Alles andere könnte als Druck empfunden werden. Übrigens ist dies auch einer der Gründe, warum Exit nur Menschen mit Wohnsitz in der Schweiz begleitet. Wer eine lange Reise in die Schweiz unternommen hat, wird es schwerer haben, einen einmal ins Auge gefassten Sterbetermin aufzuschieben. Und so könnte der Druck wachsen, den Termin einzuhalten.

Lebensverlängerung als Sterbeverlängerung

Auch meine Großmutter, die Mutter meiner Mutter, erlitt einen Hirnschlag. Das war im Jahre 1931. Als es passierte, betteten ihre Angehörigen sie aufs Sofa und eines ihrer Kinder fuhr mit dem Velo ins Nachbardorf. Doch der Arzt war auf Krankenbesuchen unterwegs. Er würde, so hieß es, am Abend, jedenfalls so bald wie möglich, vorbeikommen. Als er meine Großmutter untersuchte, empfahl er, ein befeuchtetes, kühles Tuch auf ihre Stirn zu legen und zu warten. Mehr könne man im Moment nicht tun. Dann ging er wieder zurück in sein Dorf. In der darauffolgenden Nacht starb meine Großmutter, ohne nochmals aus ihrer Bewusstlosigkeit erwacht zu sein. So kam es, dass sie in ihrem Bett zu Hause sterben konnte. Ohne Ambulanz. Ohne Blaulicht. Ohne Magensonde. Ohne wochen-, monate-, jahrelanges Leiden, gelähmt und sprachlos in einem Pflegeheim. Ich bin mir sicher, meine Mutter hätte sich nach ihrem letzten Hirnschlag einen sanften, raschen Tod wie den ihrer Mutter gewünscht.

Ich möchte damit nichts gegen den Fortschritt der Medizin sagen. Er ist in vielerlei Hinsicht ein Segen. Die Ärzte, die meine Mutter behandelten, entschieden sicher nach bestem Wissen und Gewissen, in der berechtigten Hoffnung, ihr noch einige Lebensjahre zu schenken. Dass es dann zu diesem dreijährigen Sterbemartyrium kam, ist eine unbeabsichtigte Folge. Doch mehr als fünfzig Jahre zuvor, zu der Zeit, als meine Großmutter starb, kannten wir diese Probleme nicht. Es gab keine Möglichkeiten, einen bewusstlosen Menschen künstlich zu ernähren und ihn so am Leben zu erhalten.

Die Entwicklungen der Medizin in den letzten siebzig Jahren haben dazu geführt, dass bei Schwerkranken und Sterbenden der Tod hinausgeschoben und das Leben verlängert werden kann. Doch der Gewinn an Lebenszeit kann für die Betroffenen zur Qual werden. Andelka und Judith sind tragische Beispiele, wie selbst die beste medizinische Behandlung zur Folter werden kann.

Folter. So ein Begriff schießt nun doch übers Ziel hinaus. Folter meint ja das absichtsvolle Zufügen von physischen und psychischen Qualen, um den Willen des Opfers zu brechen oder um es zu demütigen.

Von vielen Leidenden hört man: Meine Schmerzen foltern mich Tag und Nacht. Davon bin ich wohl beeinflusst. Was meiner Mutter, was den beiden jungen Frauen passierte, war von niemandem so geplant. Die Behandlungen sollten das Leben verlängern und führten doch gleichzeitig zu einem Zustand, der für die Patientinnen quälend war. Auch wenn meine Mutter es nicht äußern konnte, so hatte sie doch ebenso wie die beiden jungen Frauen den sehnlichsten Wunsch, aus diesem Leib und Seele zermürbenden Zustand durch den Tod erlöst zu werden.

Nun waren die Situationen ja sehr unterschiedlich. Ihre Mutter war über siebzig und gelähmt. Andelka war terminal an Krebs erkrankt, und ihr rascher Tod war absehbar. Judith schließlich, jung wie Andelka, hatte dank Medizin gleichwohl noch eine Spanne an Lebenszeit vor sich.

Doch bei allen drei Frauen wurde das Sterben durch die Medizin verlängert, ob es nun Wochen, Monate oder Jahre waren. Am längsten bei Judith. Bei ihr folgte ein Spitalaufenthalt auf den anderen. Sechs Jahre lebte sie von Operation zu Operation. Die Tage waren eingeteilt durch die stündlichen Morphiumspritzen, ohne die sie die Schmerzen nicht auszuhalten vermochte. Die fünf Operationen nach dem Darmdurchbruch änderten an ihrem aussichtslosen Leiden nichts. Diese medizinischen Behandlungen mussten selbstverständlich gemacht werden, sie hatten aber eine paradoxe Wirkung. Sie verlängern Judiths Leben – und zugleich ihr Sterben.

Sie sprechen also dann von Sterbeverlängerung, wenn die Medizin einen Menschen zwar am Leben erhält, ihn jedoch nicht mehr heilen, seine Situation nicht mehr verbessern kann?

Ja.

War diese Art der medizinischen Behandlung nicht der Wunsch von Judith? Sah sie es denn auch so, dass zugleich mit ihrem Leben auch ihr Sterben verlängert wurde?

Judith war beseelt vom Willen, am Leben zu bleiben. Doch in der Phase, als sie mit Exit Kontakt aufnahm, hatte sie begonnen, ihre Behandlungen nicht mehr zu ertragen. Sie wollte sich keiner weiteren Operation mehr unterziehen. Sie hatte den Wunsch, diese Qual zu beenden. Auch wenn sie sich dann anders entschied und nicht mit Exit aus dem Leben ging.

Die Volksabstimmung 1977: Eine Panne der Demokratie?

«Die unterzeichneten Stimmberechtigten des Kantons Zürich verlangen: Der Kanton Zürich reicht gemäß Artikel 93 der Bundesverfassung eine Standesinitiative mit folgender Forderung ein: Die Bundesgesetzgebung ist dahingehend zu ändern, dass die Tötung eines Menschen auf eigenes Verlangen straffrei ist, falls folgende Voraussetzungen erfüllt sind ...»[14]

Die «Volksinitiative Sterbehilfe auf Wunsch für Unheilbar-Kranke», 1975 lanciert, wird von keiner Partei unterstützt. Regierung und Parlament stehen ihr ablehnend gegenüber. Das Zürcher Stimmvolk, davon unbeeindruckt, nimmt sie zweieinhalb Jahre später, am 25. September 1977, mit fast 60 Prozent Ja-Stimmen an.

War dieses vom politischen Establishment unerwünschte Ergebnis eine «Panne der Demokratie»?[15] War die Bevölkerung überfordert und wusste nicht, was sie tat? Hatte die «heftige öffentliche Diskussion um den Fall Haemmerli» zu Missverständnissen beigetragen? Das Eidgenössische Parlament muss reagieren. Eine Kommission wird eingesetzt.

Urs Haemmerli hatte passive Sterbehilfe geleistet, den «Verzicht auf die Aufnahme oder den Abbruch von lebenserhaltenden Maßnahmen», um die Formulierung des Bundesamts für Justiz zu zitieren.[16] Die «direkte aktive Sterbehilfe» ist hingegen, so ebenfalls das Amt, eine «gezielte Tötung zur Verkürzung der Leiden eines anderen Menschen», bei der ein Arzt oder ein Dritter dem Patienten absichtlich eine Spritze verabreicht, die direkt zum Tod führt.

Nur um diese aktive Sterbehilfe dreht sich die Initiative. Sie verbindet ihre Forderung nach Straffreiheit mit einer Reihe von Bedingungen. So müsse der Sterbewillige an einer unheilbaren, schmerzhaften und mit Sicherheit zum Tode führenden Krankheit leiden. Er müsse außerdem seinen Sterbewunsch in zwei öffentlichen Urkunden festhalten, wobei ein Psychiater seine Urteilsfähigkeit zu bestätigen habe. Erst danach dürfe sein Leben von einem bis zu diesem Zeitpunkt nicht beteiligten Arzt beendet werden.

Die Kommission holt sich Rat bei der Schweizerischen Akademie der Medizinischen Wissenschaften SAMW. Diese hatte in ihren 1976 publizierten «Richtlinien für die Sterbehilfe» festgestellt, die Aufgabe des Arztes sei Lebenshilfe, «ausgerichtet auf die Erhaltung und Verlängerung des Lebens».[17] Die Kommission folgt dieser Linie. Gezielte Lebensverkürzung durch Tötung sei kein ärztliches Anliegen. Sie fasst zusammen: «Kann ein Arzt nicht mehr zur Genesung eines Patienten beitragen, dann soll er sich auf Linderung des Leidens beschränken», und empfiehlt dem Eidgenössischen Parlament, der Initiative keine Folge zu leisten. Und so geschieht es dann auch.

Viele Begriffe, ein Wunsch

Herr Kriesi, warum haben noch immer viele Ärztinnen und Ärzte ein Problem, wenn ihre Patienten sie bitten, ihnen sterben zu helfen?

Die Tradition der Medizin, die medizinische Ausbildung und auch die FMH, der Berufsverband der Schweizer Ärztinnen und Ärzte, setzen auf lebenserhaltende Maßnahmen und nicht auf solche, die beim Sterben helfen. Zwar hat sich seit dem Fall Haemmerli vieles verändert, und viele Ärzte unterlassen etwa in aussichtslosen Situationen lebenserhaltende Maßnahmen wie eine künstliche Ernährung oder nehmen sie zurück. Doch dabei unterliegen sie weiterhin dem Trugschluss, das passive Vermeiden sei moralisch höherwertig als das aktive Zurücknehmen. Dabei macht es nach meiner Meinung keinen Unterschied, ob der Patient sterben kann, weil ein Arzt eine bestimmte, aussichtslose Behandlung erst gar nicht beginnt oder ob er diese wieder einstellt, weil er merkt, dass sie mehr belastet als Gutes tut.

Beides – der Behandlungsabbruch durch Unterlassen oder Einstellen – gilt juristisch als passive Sterbehilfe. Doch psychologisch macht es einen Unterschied. Es fällt, so meine Erfahrung, schwerer, eine Maßnahme wieder zurückzunehmen, die den Patienten am Leben hält. Die Verantwortung scheint in diesem Fall größer, und größer können daher auch die damit einhergehenden Schuldgefühle sein. Man hat schließlich mit den eigenen Händen etwas getan – etwa den Hahn der Infusion zugedreht und damit die Flüssigkeitszufuhr gestoppt –, was das Sterben beschleunigt hat, weil es zuvor durch genau diese Maßnahme noch aufgeschoben wurde.

Hier liegt psychologisch eine viel größere Hürde. Ja. Doch in der Konsequenz ist es dasselbe. Der Patient stirbt, ob ich die Maßnahme erst gar nicht beginne oder ob ich sie einstelle. In beiden Fällen habe ich geholfen, sinnloses Leiden abzukürzen. Nur darauf kommt es an.

Wenn es nur darauf ankäme, dann ist kaum nachzuvollziehen, mit welchem Aufwand weitere begriffliche Unterscheidungen verteidigt und moralisch und juristisch bewertet werden. Es gibt ja neben der passiven Sterbehilfe und ihren Varianten Unterlassen und Einstellen noch die aktive Sterbehilfe mit den Varianten indirekt und direkt. Gibt der Arzt dem sterbenden Patienten etwa Morphium oder ein anderes sedierendes Mittel, um ihn in ein künstliches Koma zu versetzen, dann kann dies sein Leben verkürzen. Diese sogenannte palliative Sedierung gilt als indirekte aktive Sterbehilfe. Wenn der Arzt allerdings mit der Absicht, Juristen sprechen hier vom Vorsatz, ein Mittel verabreicht – etwa eine genügend hohe Dosis Morphium –, damit die Patientin stirbt und somit nicht länger leiden muss, dann wäre dies direkte aktive Sterbehilfe, auch Euthanasie genannt. Diese ist vom Gesetz verboten.

Die Ursprünge der Unterscheidung reichen tief zurück in unserer Kultur. Bis zu Thomas von Aquin, dem Philosophen und Theologen aus dem 13. Jahrhundert, der von der katholischen Kirche zum Kirchenlehrer erklärt wurde und als Heiliger verehrt wird. Er hat das Konzept der sogenannten Doppelwirkung entwickelt, das hier auf die Situation eines Schwerkranken an-

gewendet wird. Die katholische Theologie hat keine Bedenken, wenn der Arzt die Absicht hat, Schmerzen zu lindern. Wenn dabei das schmerzstillende Mittel die doppelte, also zusätzliche Wirkung hat, dass der Patient stirbt, wird das akzeptiert. Aber nur dann. Der Arzt darf also das Sterben in Kauf nehmen, nicht aber beabsichtigen. Holen Sie Thomas von Aquin hervor?

Mach ich. Später. Historisch ist die Unterscheidung nachvollziehbar, ansonsten fällt es mir schwer, die indirekte aktive Sterbehilfe moralisch der direkten überzuordnen. Auch die indirekte aktive kann etwa moralische Defizite im Gefolge haben. So habe ich es erst kürzlich erlebt. Weil der Tod bei der indirekten aktiven Sterbehilfe zu einem in Kauf genommenen Nebeneffekt wird, kann diese Art von Hilfe von dem eigentlich einschneidenden Ereignis, dem Sterben eines geliebten Menschen, ablenken. Der Sterbeprozess hat eingesetzt, der Tod wird bald da sein, und doch wird beides verdrängt, da man sich auf die schmerzlindernde Morphiumgabe, auf eine geradezu technische Handlung konzentriert. Und somit nicht auf den Abschied und die wohl wichtigste Verantwortung, also dem sterbenden Menschen nah zu sein und ihm seelisch beizustehen, so wie er es braucht.

Vor allem die deutschen Mediziner sprechen in beiden Fällen nicht von Sterbehilfe. Sie vermeiden geradezu panisch diesen Begriff, wenn sie hohe Morphiumdosen geben. In der deutschen Palliativmedizin gilt offiziell, dass man in diesem Zusammenhang nur von palliativen Maßnahmen sprechen darf.

Nun, wir Deutschen – ich bin in Deutschland geboren und aufgewachsen – haben tatsächlich panische Angst davor, irgendetwas zu tun, was im Entferntesten an die Zeit des Nationalsozialismus und die Hitler'schen Euthanasieprogramme erinnern könnte, bei denen systematisch Patienten ermordet wurden.

Das war ein Verbrechen. Das hat nichts mit der Frage zu tun, was für eine Person ein guter Tod sein könnte. Der Einzige, der das sagen kann, ist der Patient selbst. Und hierum geht es bei der Sterbe- und der Freitodhilfe. Um Selbstbestimmung des Sterbewilligen. Um Hilfe, wenn er sie braucht. Um Linderung eines Leidens, das er nicht mehr aushalten kann.

Ich bin immer wieder perplex, dass es in Deutschland so schwerfällt, die furchtbaren Naziverbrechen und die Sterbehilfe auseinanderzuhalten. Es kommt mir absurd vor, den Widerstand gegen die Sterbehilfe mit dem Hinweis auf die Naziverbrechen zu begründen. Da kommt doch eine irrationale Abwehrhaltung zum Ausdruck, die als Folge der heutigen medizinischen Möglichkeiten notwendig geworden ist. In der Schweiz ist die Befangenheit viel kleiner als in Deutschland. Unsere Kultur ist mehr an der Praxis orientiert. Und nicht an den Formulierungen.

Wie bereits diskutiert: Auch in der Schweiz setzen die Begrifflichkeiten klare Grenzen. Direkte aktive Sterbehilfe, die gezielte, vorsätzliche Verabreichung einer Spritze, die zum Tod führt, ist durch das Strafgesetzbuch verboten. Ich frage mich, ob es nicht nur eine Sache der Konsequenz, des Realismus und wohl auch Mutes ist, einen Schritt weiterzugehen und auch die direkte aktive Sterbehilfe, ungeachtet der höheren psychologischen Hürde auch hier, moralisch und rechtlich mit den anderen Formen der Sterbehilfe gleichzusetzen.

Die Grenzen sind in der Praxis ohnehin fließend. Das sagen gerade die Intensivmediziner, die Tag für Tag mit dieser Situation konfrontiert sind. Es gibt einen breiten Graubereich, in dem zwischen palliativer Sedierung und aktiver Sterbehilfe nur mit viel Haarspalterei zu unterscheiden ist. So habe ich oft von Medizinern gehört, dass sie auch das Einstellen einer lebenserhaltenden Maßnahme als eine aktive Handlung und so gesehen als aktive Sterbehilfe empfinden.

Anfänglich war ja die aktive Sterbehilfe auf Wunsch das Ziel der Gründer von Exit. Doch die Politik zog nicht mit, auch wenn die Volksabstimmung von 1977 eine breite Akzeptanz zumindest der Zürcher Stimmbürger zeigte. Exit nahm daher schon 1984, im zweiten Jahr nach der Gründung, von der aktiven Sterbehilfe Abstand und bietet seither ausschließlich etwas an, was bisher nicht diskutiert worden war: die Hilfe beim Freitod ...

... bei der entscheidend ist, dass der Sterbewillige entweder eigenhändig das Sterbemittel trinkt oder eigenhändig den Infusionshahn öffnet. Und nicht Dritte. Weder Ärzte noch Angehörige.

Was ist, wenn ein Patient nicht mehr die Kraft oder Bewegungskontrolle dafür hat?

Hier müssen wir improvisieren, denn sonst eröffnet die Staatsanwaltschaft ein Verfahren. Einmal passierte es, dass die Finger eines Patienten an dem Tag, an dem er sterben wollte, nicht mehr beweglich genug waren, um den Infusionshahn zu bedienen. Also verbogen wir eine Büroklammer so, dass wir sie am Infusionshahn befestigen konnten. Dann verbanden wir sie mit einer Schnur, die wir dem Patienten in die Hand gaben. Er zog – das konnte er noch –, und der Hahn öffnete sich. Somit war es der Patient, nicht wir, der den letzten Akt vollzog, der dann zu seinem Sterben führte. Die Juristen nennen das Tatherrschaft.

Später habe ich diese Verfahren Dr. Brunner vorgeführt, dem damaligen Leitenden Oberstaatsanwalt des Kantons Zürich. Wir trafen uns regelmäßig, um die Möglichkeiten von Exit auszuloten. Er stimmte zu, dass dieses Verfahren noch im Rahmen der Legalität sei. Doch er war äußerst vorsichtig und empfahl, zukünftig doch bitte zwei Büroklammern zu verwenden. Bei nur einer sei das Risiko zu groß, dass der Patient durch seine Nervosität den Hahn versehentlich öffne. Und ein Versehen ist keine Tatherrschaft. Seither verwenden wir in diesen Notsituationen also zwei Büroklammern.

Klingt nach rechter Trickserei. Was ist, wenn die zwei Büroklammern in einer solchen Situation zu viel Widerstand leisten? Wenn Sie dann eine wegnehmen und der Patient es nochmals versucht? Wiederum vergeblich? Wie gehen Sie dann mit der Tatherrschaft um?

Wenn etwa ein Patient mit einer degenerativen Erkrankung des motorischen Nervensystems wie der amyotrophen Lateralsklerose die Fingerfertigkeit nicht mehr hat, dann können wir inzwischen riskieren, den Hahn für ihn zu öffnen aufgrund eines Gutachtens des Basler Juristen Daniel Häring. Er schreibt: «Über das ‹Ob› und ‹Wie› der Tat bestimmt ein Mensch beim Beizug einer professionellen Suizidhilfeorganisation auch dann, wenn er das zu seinem Tod führende Geschehen initiiert und durch klare Anweisungen an den Sterbehelfer, ohne dass diesem bei der Umsetzung ein großer Ermessensspielraum zukommt, vollständig selbst gestaltet.»[18]

Wissen Sie, all diese Unterscheidungen – passiv, indirekt aktiv, direkt aktiv, assistiert – sind Sprachwasch.

Sprachwasch?

Würden sie mich zu den älteren Leuten zählen?

Durchaus.

Das ist Sprachwasch.

Aha ... Gut, dann zähle ich Sie zu den alten Männern. Auch wenn es mir recht unhöflich, geradezu respektlos vorkommt, so von Ihnen zu sprechen.

Sprechen Sie von mir als sehr altem Mann, bitte!

Okay. Ich versuch's. Mal sehen. Und bald dann vom uralten Mann?

Ja, bald. Bald bin ich hochbetagt, hochaltrig, uralt. Aber erst, wenn ich neunzig bin.

Thomas von Aquin: Gott ist es, der tötet und lebendig macht

«Das Leben ist ein Geschenk Gottes und Gottes Macht unterworfen, der da tötet und lebendig macht», so schreibt Thomas von Aquin in seinem Hauptwerk «Summa theologica», zu Deutsch «Hauptinhalt der Theologie».[19] In diesem voluminösen Werk nimmt er sich nichts anderes vor, als Anfängern, die die Lehre der katholischen Wahrheit nicht kennen, «kurz und klar» alles darzulegen, was zu dieser gehöre. Und somit auch das Selbstmordverbot von Augustinus.

Thomas von Aquin, in der Literatur meist abgekürzt Thomas genannt, wurde 1224 oder 1225 als jüngster Sohn des Grafen von Aquino wohl in der Burg Roccasecca geboren, die auf halbem Weg zwischen Rom und Neapel liegt. Fünf- oder sechsjährig übergeben ihn seine Eltern den Benediktinern des nahe gelegenen Klosters Monte Cassino. Rund zehn Jahre später verlässt Thomas diesen Ort, um an der neu gegründeten Universität Neapel zu studieren. Bald darauf tritt er dem noch jungen Bettelorden der Dominikaner bei – in Abbildungen wird er daher meist im schwarzen Umhang dieses Ordens gezeigt. Es folgen lange Studienaufenthalte, erst in Paris, dann Köln und nochmals Paris, nun mit eigenen Lehrveranstaltungen. Das Studium, die Auseinandersetzung vor allem mit Aristoteles und dessen Kommentatoren empfindet er als «geistlichen Trost».[20]

Von Mitte 1272 bis Ende 1273 unterrichtet Thomas als Magister in Neapel, seinem letzten Lebens- und Wirkungsort. Er stirbt, erst fünfzigjährig, im Jahr 1274. Zeitgenossen spekulieren über einen politischen Giftmord. Seine «Summa theologica» bleibt unvollendet. In den kommenden beiden Jahrhunderten wird Thomas zu einer dominierenden Autorität, an der sich die katholische Kirche orientiert. Um daran keinen Zweifel aufkommen zu lassen, ernennt ihn Papst Pius v. in der Mitte des 16. Jahrhunderts zum Kirchenlehrer. Ende des 19. Jahrhunderts werden seine Lehren dann zur offiziellen Philosophie der katholischen Kirche erklärt.

Thomas war fromm, doch gleichzeitig ein analytischer Denker, der sich gegen die antiintellektuelle Haltung der Klöster stemmt. Religiöser Glaube und die logisch argumentierende Vernunft sind für ihn keine Konkurrenten, sondern zwei Wege, die widerspruchsfrei zu der *einen* Wahrheit führen. Doch dafür muss die Vernunft den richtigen Weg einschlagen. Und so stellt er in der «Summa» Frage um Frage, gibt darauf Antwort um Antwort, liefert Pro und Contra, zeigt, dass das Contra auf Fehlschlüssen der Vernunft beruht, auf unvollständigem, nachlässigem Denken, und stärkt, nein, zementiert so das Pro, auch bei der Frage: Darf jemand sich selber, aus eigener Autorität töten? Die Antwort ist ein dreifaches Nein.

Nein, weil die Selbsttötung dem Lebenszweck widerspricht. Denn ein jedes Wesen liebt von Natur aus sich selbst. Wer sich selbst tötet, verstößt gegen diese naturgegebene, heilige Selbstliebe.

Nein, weil jedes Wesen Teil eines Ganzen ist. Selbsttötung schadet der gesellschaftlichen Ordnung und tut ihr gegenüber somit ein Unrecht.

Nein, weil das Leben ein Geschenk Gottes und seiner Macht unterworfen ist. Denn «Gott allein gehört das Urteil über

Leben und Tod.» Wer Gott dieses Urteil streitig macht, beleidigt ihn und begeht eine Sünde. Thomas greift hier eine Stelle aus dem 5. Buch Mose auf, wo es heißt: «Seht nun, dass ich es bin und dass es keinen Gott gibt neben mir. Ich töte, und ich mache lebendig; ich habe zerschlagen, ich werde auch heilen, und niemand kann aus meiner Hand erretten.»[21]

Dieses dritte Argument ist das bis heute schwerwiegendste und einflussreichste. Denn da die Selbsttötung eine Sünde gegen Gott ist, sind die damit verbundenen Höllenstrafen die schwersten. Thomas schreibt: «Die gegen Gott sündigen, werden nicht nur gestraft, weil sie von der ewigen Glückseligkeit ausgeschlossen werden, sondern auch durch die Erfahrung von etwas Schmerzlichem.»[22] Er übernimmt somit die Drohung aus dem Neuen Testament: «Geht weg von mir, ihr Verfluchten, in das ewige Feuer, das bereitet ist für den Teufel und seine Engel!»[23]

Das Verbot, sich selbst zu töten, ist nur dann aufgehoben, wenn Gott den geheimen Befehl dazu gibt. Was offenbar nur selten passiert. Bei der Tötung eines anderen Menschen gibt Thomas mehr Spielraum. Gefragt, ob jemand töten darf, wenn er sich selbst verteidigen muss, antwortet er mit Ja. Denn hier sei die Absicht – die Rettung des eigenen Lebens – entscheidend und nicht, dass als Folge davon der Angreifer sein Leben verliere. Denn jeder Mensch sei, so Thomas, verpflichtet, für sein eigenes Leben mehr zu sorgen als für das eines anderen. Wird er also angegriffen, dann darf er auf Gewalt mit Gewalt reagieren, selbst wenn er den anderen dabei tötet. Entscheidend ist, dass er den Tod des anderen nicht beabsichtigt, sondern nur in Kauf nimmt.

Das klingt spitzfindig, spielt jedoch unter der Bezeichnung

«Doppelwirkung» – eine Absicht, zwei Wirkungen – bei der Rechtfertigung moralischer Entscheidungen um Leben und Tod noch immer eine wichtige Rolle: Der Mediziner darf eine Sedierung mit der Absicht verabreichen, Schmerzen zu lindern. Wenn diese außerdem den Tod beschleunigt, dann wird dies moralisch nicht beanstandet, denn auch wenn diese zusätzliche Wirkung vorhersehbar ist, so liegt sie nicht in der Absicht. In der Schweizer Rechtsprechung wird es so ausgedrückt, dass der Tod nicht vorsätzlich herbeigeführt wird.

Die Lebensfremdheit der Kirche

Herr Kriesi, zwar war und ist die Wirkung der Tradition, die sich auf Augustinus und Thomas von Aquin beruft, noch immer mächtig, doch kaum ein Pfarrer in der Schweiz wird noch mit dem «ewigen Feuer» argumentieren.

Kaum ein Pfarrer innerhalb der Schweizer evangelischen Landeskirchen, ja. Aber innerhalb der evangelikalen Religionsgemeinschaften, da wirkt diese Tradition durchaus noch mit Macht. Wie oft passierte es mir während meiner Vorträge zur Freitodhilfe, dass da einer aufstand, die Bibel hochhielt und ins Publikum rief: «In meiner Bibel steht geschrieben: Meine Zeit steht in Gottes Händen!» Und selbst wenn vom «ewigen Feuer» in den Predigten der Landeskirche nicht länger die Rede ist: Unterschätzen Sie nicht, wie tief sich die kirchliche Verdammung des Suizids im Volksglauben eingenistet hat. Das haben wir ja etwa an Andelka gesehen. Tagtäglich habe ich es während meiner Arbeit als Pfarrer und später dann auch als Freitodbegleiter erlebt, wie sehr die Menschen weiterhin von diesen Vorstellungen umgetrieben werden. Egal welcher Herkunft, egal welcher Schulbildung. Egal ob Akademiker oder Handwerker. Viele leiden, weil in späteren Jahren der oft verschüttete Kindheitsglaube wieder hochkommt und damit die panische Angst, dass Gott sie verdamme. Erst gestern telefonierte ich mit einem Freund, fast so alt wie ich, er war bis zu seiner Emeritierung Professor für Psychiatrie. Er erzählte mir, wie tief beunruhigt und verängstigt er sei, wenn er an das Jüngste Gericht denke.

Mord und Genozid, Blutrache und Krieg, Todesstrafe und Menschenopfer. Gewaltsam gestorben wird in der Bibel reichlich. Mit wenigen Ausnahmen sind es keine Selbsttötungen. Das Alte Testament berichtet von König Saul, der sich ins Schwert stürzt, von Samson, der einen Tempel über sich zusammenbrechen lässt, oder von Abimelech, der einem seiner Soldaten befiehlt, ihn zu töten. Verurteilt wird dies nicht, auch nirgends verboten. Alle Selbsttötungen sind die Folge von Ehrverletzung oder Demütigung. Und nicht einer unheilbaren Krankheit oder eines unerträglichen körperlicher Leidens.

Diese spielten damals auch lange keine so große Rolle wie inzwischen in unseren Gesellschaften. In der Bibel waren in dieser Hinsicht die Verhältnisse kaum anders als noch bei uns vor zwei Generationen. Das durchschnittliche Alter, das man über Jahrtausende erreichte, betrug ungefähr 45 Lebensjahre. Seit dem letzten Jahrhundert steigt die Lebenserwartung. Noch Anfang der 1930er-Jahre erlebten 96 von 100 Menschen den siebzigsten Geburtstag nicht. Inzwischen werden wir durchschnittlich über achtzig Jahre alt. Dank dem Wohlstand, den geordneten politischen Verhältnissen und der hochentwickelten Medizin wird uns somit etwas geschenkt, was sich frühere Generationen nur erträumen konnten. Die paradoxe Kehrseite ist, dass dieses lange Leben zu ethisch-moralischen Problemen führt, von denen unsere Vorfahren keine Ahnung haben konnten. Die unerträgliche Situation, in die viele todkranke Menschen geraten sind, ist ja erst entstanden, seit die Medizin das Sterben immer weiter hinauszögern kann. Daher ist es so lebensfremd, so pathologisch auch, wenn die Kirche noch heute das Dogma von Thomas von Aquin vertritt, das er vor bald tausend Jahren, im Hochmittelalter, entwickelt hat. Die Lebenswelt damals hat doch nichts mit der heutigen Zeit zu tun! Wie kann man sich da noch auf den allmächtigen Gott, den Herrn berufen, der in seinem «unerforschlichen Willen» die Todesstunde eines Menschen bestimmt, um ihn zu sich in die «ewige Heimat» zu rufen?

Sie meinen, da wir den Tod mit unseren wissenschaftlichen Errungenschaften immer weiter hinauszögern können, haben wir auch die Verantwortung für den Verlauf unseres Lebens bis zum Ende mehr und mehr in die eigenen Hände genommen – die Kirche jedoch weigert sich weiterhin, uns auch für den Zeitpunkt des Todes ein Mitspracherecht zuzugestehen?

Wie oft höre ich von kirchlichen Kritikern: «Gott selbst hat uns das Leben geschenkt. Gott allein ist der Herr über Leben und Tod, und deswegen hat der Mensch kein Recht, selber über sein Ende zu entscheiden.» Diese theologisch-dogmatische Formel dient den Kirchen in allen Fragen der Sterbehilfe als Fundament und Richtschnur und zugleich als Begründung der Ablehnung. Von Bischofskonferenzen, Pfarrkonventen, Kirchenleitungen, in kirchlichen Publikationen jeglicher Couleur – und nicht zu vergessen, von der römischen Kurie – lesen und hören wir diese theologisch-stereotype Formel in endloser Wiederholung. Sie müssen dafür nur das soeben erschienene Schreiben der Glaubenskongregation des Vatikans lesen. Es trägt den Titel: «Schreiben über die Sorge an Personen in kritischen Phasen und in der Endphase des Lebens».[24]

In Ländern mit mehrheitlich katholischer Bevölkerung und einer gehorsamen Priesterschaft wird dieser Text eine enorme Wirkung entfalten. Aber nicht nur im Blick auf den assistier-

ten Suizid, sondern auch auf andere Formen der Sterbehilfe. Ich denke an Heime und Kliniken, die von der katholischen Kirche geführt werden. Die autoritär verordnete Verweigerung der Sterbesakramente im Falle eines assistierten Suizids trifft nicht wenige katholisch erzogene Menschen mitten ins Herz. Das mag auch für solche gelten, die sich von der Kirche gelöst haben. Auch katholisch-gläubig gebliebene Angehörige werden sich mit Energie gegen einen assistierten Suizid zur Wehr setzen, wenn sie wissen, dass der Priester die Sterbesakramente nicht erteilen und der Gläubige die Krankensalbung nicht empfangen darf. Lesen Sie nur diesen Abschnitt hier aus dem vatikanischen Schreiben. Es geht um diejenigen, die ausdrücklich eine Sterbehilfeorganisation um assistierten Suizid gebeten haben. Diese sollen nur dann die Sakramente erhalten, wenn sie ihre Entscheidung ändern, somit zum «Büßer» werden, wie es heißt:

«In Bezug auf das Sakrament der Buße und Versöhnung muss der Beichtvater sich vergewissern, dass es Reue gibt, die für die Gültigkeit der Lossprechung notwendig ist und die als ein ‹Schmerz der Seele und ein Abscheu über die begangene Sünde, mit dem Vorsatz, fernerhin nicht mehr zu sündigen› charakterisiert wird.»

Auch ohne die explizite Drohung mit dem ewigen Feuer wird hier am dogmatischen Fundament der römisch-katholischen Kirche weitergemauert und somit eine brutale Härte gegenüber leidenden Menschen an den Tag gelegt.

Von der gesamten Schweizer Wohnbevölkerung waren 2018 knapp 40 Prozent Mitglied der römisch-katholischen und knapp 25 Prozent der evangelisch-reformierten Kirche.

Unterschätzen Sie auch daher nicht, wie einflussreich die Haltung der katholischen Kirche zur Freitodhilfe weiterhin ist. Ein Beispiel vom vergangenen Jahr: Im Wallis wurde diskutiert, ob in öffentlichen Altersheimen, die vom Staat mitfinanziert werden, der assistierte Suizid zugelassen werden darf. Der Pfarrer Paul Martone nahm in einer Pressekonferenz in Sitten dazu Stellung. Die katholische Kirche respektiere den begleiteten Suizid, könne ihn jedoch nicht gutheißen. Das ist eine recht jesuitisch-raffinierte Aussage. Im Hinblick auf die hohe Akzeptanz der Suizidhilfe in der Schweizer Bevölkerung und zugleich unter Berücksichtigung der kirchlichen Obrigkeit stellt Pfarrer Paul Martone beide Parteien ein bisschen, wenn auch nicht ganz, zufrieden. Der Walliser Bischof Jean-Marie Lovey war da eindeutiger und sagte, dass der Wunsch nach Beihilfe zum Suizid weit davon entfernt sei, Ausdruck der Selbstbestimmung des Menschen zu sein: «Die Beihilfe zum Suizid ist ein schwerer Angriff auf das Leben des Menschen, das die christliche Botschaft von seiner Empfängnis bis zum natürlichen Tod schützen will.»[25]

Bei den Protestanten klingt es vergleichsweise moderat, Sie würden wohl sagen jesuitisch: In einer Vernehmlassungsantwort des Kirchenrats des Kantons Zürich von 2010 heißt es etwa, dass er die Beihilfe zum Suizid im Grundsatz für «äußerst problematisch» halte, dass er aber «Suizid und die Beihilfe dazu, die aus innerer Not geschehen», nicht verurteile.[26]

Doch in dem Dokument steht auch die Forderung, «bei den Leidenden auszuharren» und «Geborgenheitsräume zu schaffen, die ihr Leiden lindern». Aus Sicht des Zürcher Kirchenrats ge-

schieht das offenbar zu wenig, und daher sieht er hier ein Versagen der Gesellschaft. Nach meiner Meinung verkennt er unsere hervorragenden Pflegeeinrichtungen, die genau das bieten, was sich der Kirchenrat als Geborgenheitsraum vorstellt. Er übersieht auch den vorbildlichen Einsatz der Angehörigen, die Leidende pflegen. Aber er verkennt noch viel mehr: Das Leiden kann trotz bester Fürsorge eine solche Dramatik annehmen, dass manchen Menschen allein mit Geborgenheitsräumen nicht geholfen ist. Ich werte diese Stellungnahme der Kirche daher als eine Verharmlosung des Leidens.

Exit hat inzwischen über 135 000 Mitglieder. Dies lässt vermuten, dass darunter auch eine stattliche Anzahl Mitglieder der Landeskirchen zu finden sein müssen. Doch selbst wenn dies als Liberalisierungsschritt gelesen werden kann, selbst wenn die Säkularisierung immer weiter voranschreitet, stecken in unseren Köpfen und Herzen weiterhin religiöse Überlieferungen, die rational überwunden scheinen, in den Gefühlen aber tief verankert sind.

Einst begleitete ich eine fast hundertjährige Dame in den Tod, deutsch-lutherisch aufgewachsen und in diesem Sinne gläubig geblieben.

Sie fragte mich: «Herr Pfarrer, ist Gott einverstanden?»
Ich antworte: «Ja.» Und legte ihr die Hand auf den Kopf.
Sie fragte nochmals: «Herr Pfarrer, ist Gott einverstanden?»
Ich antwortete wieder: «Ja, Gott ist einverstanden.»
Nachdem sie ein weiteres Mal gefragt und ich wieder dasselbe geantwortet hatte, sagte sie: «Jetzt glaube ich es. Gott ist einverstanden.» Und sie trank das Sterbemittel.

WERNER KRIESI ERZÄHLT

Martha. Auf lebenslange Pflege angewiesen

Wie beinahe jeden Morgen fahre ich mit dem Velo die vierzig Minuten zu Exit nach Zürich. Kaum bin ich angekommen, klingelt das Telefon. Eine Frau sagt: «Ich rufe Sie nicht freiwillig an, ich werde dazu gezwungen – von meiner Tochter; sie lässt mir keine Ruhe mehr; sie beschimpft mich, weil ich von Exit nichts wissen will.»

Unsicher, mit stockenden Worten erzählt sie, dass ihre Tochter seit vier Jahren gelähmt im Bett liege, von ihr und der Spitex rund um die Uhr gepflegt. Sie selbst sei jetzt 68 Jahre alt. Solange sie könne, werde sie für ihre Tochter sorgen. Aber sie sterben lassen – mit Exit? Nein, das könne sie nicht! Doch seit etwa drei Jahren lasse die Tochter diese verrückte Idee nicht mehr los.

Die Tochter, Martha, war vor inzwischen sechs Jahren ungewollt schwanger geworden, der Freund drängte auf Abbruch. Als sie sich weigerte, verließ er sie. Bevor das Kind – ein Mädchen – geboren wurde, zog Martha zu ihrer Mutter, die ihr versprochen hatte, es mit ihr zusammen großzuziehen. So lebten sie zu dritt – Marthas Vater war schon vor Jahren durch einen Verkehrsunfall gestorben –, und Martha behielt ihre Stelle als kaufmännische Angestellte.

Eines Morgens liegt Martha seltsam verkrümmt im Bett; bewegungslos, stumm. Sie reagiert auf nichts. Die Mutter alarmiert in Panik den Hausarzt, dieser ruft, kaum ist er eingetroffen, die Ambulanz. Vier Monate bleibt Martha bewusstlos im

Krankenhaus und wird künstlich ernährt. Als sie aufwacht, sind Beine und Arme ohne Gefühl. Martha ist gelähmt, sie kann weder Urin noch Stuhlgang kontrollieren. Sie kommt nach Hause, für ihre Pflege ist alles eingerichtet, und ihre Mutter tut, was sie kann, um sie zusammen mit der Spitex so gut wie nur irgend möglich zu umsorgen.

Doch Martha kann sich mit ihrer Lage nicht abfinden. «Keine Stunde länger halte ich dieses Hundeleben aus», schleudert sie ihrer Mutter an den Kopf. Tag für Tag, Woche für Woche, Monat für Monat, Jahr für Jahr denselben Satz.

Einige Tage nach dem Anruf erhalte ich von Marthas Hausarzt die schriftliche Diagnose, verfasst von der Neurologischen Klinik eines Universitätsspitals. Martha leidet an einer Herpesenzephalitis, eine durch Herpesviren verursachte Hirnentzündung. Als Folgen werden aufgezählt: schwergradige Einschränkung der Mobilität, neurologisch bedingte Harn- und Stuhlinkontinenz, Geschmacksmissempfindungen, Unverträglichkeit vieler Speisen, allgemeine Sensibilitätsstörungen am ganzen Körper, Stimmungsschwankungen bei Affektlabilität, reaktive Depressionen mit Suizidalität, Koprolalie. Letzteres ist eine krankhafte Neigung zum Aussprechen obszöner, unanständiger Wörter, als Auswirkung einer limbisch generierten Anfallsentladung. Die Folgen all dieser Symptome: dauernde und vollständige Abhängigkeit von pflegerischer Hilfe. Abgesehen von kürzeren Phasen im Rollstuhl 24 Stunden Bettlägerigkeit. Die kurz gefasste medizinische Prognose: «Nach vierjährigem Verlauf sind funktionell signifikante Besserungen nicht zu erwarten.» Was für eine Perspektive für eine junge, kaum dreißigjährige Mutter mit einem inzwischen fünf Jahre alten Kind!

Ich besuche Martha. Nach kurzer, schroffer Begrüßung kommt sie umgehend zur Sache: «Sie können es kurz machen. Mein Entschluss ist nicht zu diskutieren. Jeder Hund wäre längst eingeschläfert worden. Aber leider bin ich keiner. Einige meiner religiösen Freunde wollen, dass Menschen Jahre und Jahrzehnte dahinvegetieren, bis sie in ihrem Bett verfaulen und elend verrecken.» Die Mutter, die am Kopfende des Bettes sitzt, beginnt zu weinen. «Nun hören Sie selber, wie verbittert meine Tochter spricht, und so geht das jeden Tag.» Die Mutter entfernt sich schweigend aus der Stube, einen Augenblick später lässt die Tochter den Kopf tiefer ins Kissen sinken und beginnt zu schluchzen. Ich ziehe mich vom Bett zurück, setze mich ans Fenster und warte. So vergeht fast eine halbe Stunde, bis mich die Frau mit leiser Stimme zurück an ihr Bett ruft.

«Verzeihen Sie meinen Ausbruch», beginnt sie, «aber ich kann meine Wut nicht beherrschen. Sie kommt über mich und reißt mich fort, und ich weiß, wie ich alle rings um mich mit scheußlichen Worten beleidige. In solchen Augenblicken höre ich mich wie aus weiter Ferne. Ich kenne mich selber nicht mehr, das war vor meiner Krankheit nicht so. Wenn ich an früher zurückdenke, so bin ich ein ganz anderer Mensch geworden. Alle erlebten mich als liebes, nettes und hilfreiches Mädchen, zu Hause, in der Schule und später bei der Arbeit. Ich gab in der Freikirche, die meine Eltern besuchten, viele Jahre Sonntagsschule und erzählte Kindern die biblischen Geschichten.»

Plötzlich stockt sie, unterbricht ihre Erzählung, und zugleich verändert sich ihre weiche Stimme. Sichtlich erregt fährt sie fort: «Sie sind doch Pfarrer, oder etwa nicht!? Sagen Sie mir, erklären Sie mir, aber gefälligst ohne blöde pfäffische Sprüche, warum straft mich Gott mit dieser dreckigen Krankheit? In eurer verlogenen Bibel steht doch: Gott bestraft die Bösen für ihr Tun, aber die Guten, die Gottes Willen tun, die werden mit einem gesunden und glücklichen Leben belohnt. Die Frommen seien wie der Baum an Wasserbächen, der wohl gedeiht und blüht, heißt es doch in einem Psalm. Ich war immer ein anständiger Mensch; ich habe willentlich niemandem ein Haar gekrümmt; ich habe nie herumgehurt; ich habe mein Kind ausgetragen und nicht abgetrieben und das moralische Geschnorr der Freikirchler auf mich genommen. Ich tat als Berufsfrau und Mutter immer tadellos meine Pflicht, habe auf Luxus und Freizeit verzichtet, um ganz für mein Kind da zu sein. Wo ist nun dieser gütige Gott, von dem ich früher selber gefaselt habe? Es war ein naiver Sonntagsschulglaube, der nichts wert ist, sobald das Leben zuschlägt, wie jetzt bei mir.» Die Mutter öffnet die Tür, bleibt auf der Schwelle stehen. Sie hat Angst, dass ich, dass der Herr Pfarrer geht, wenn ihre Tochter ihn so anschreit.

Martha schaut mich voller Misstrauen an: «Wieso haben Sie Ihr Psalmenbuch noch nicht aus der Tasche gezogen? Kürzlich war so ein Sektenprediger bei mir. Plötzlich stand er an meinem Bett. Ich tat, als ob er nicht da wäre, schaute an die Wand. Trotzdem las er mir etwas vor, das etwa so tönte: Gott legt uns eine Last auf, aber er hilft uns auch tragen. Mich packte die Wut, ich sagte ihm alle Schande und jagte ihn aus der Stube. Dieser fromme Mistkerl! Spaziert gesund und munter in der Welt umher, genießt das Leben, kennt keine Schmerzen, geht mit seiner Frau ins Bett, kann sein Leben gestalten, wie es ihm beliebt, und scheut sich nicht, ein armes Schwein wie mich mit solchen Sprüchen trösten zu wollen. Der soll doch nur eine Woche lang in meinem Bett liegen, sich jeden Tag zweimal die Scheiße wegwaschen lassen von fremden Leuten. Dann würde mich wundernehmen, ob er immer noch solche Sprüche macht. Nichts und niemand kann mir helfen. Einzig der Tod ist meine Hilfe. Ich ersehne ihn jeden Tag. Noch dreißig, vierzig Jahre so liegen! Ein Grauen packt mich bei diesem Gedanken. Was ich lebe, ist die Hölle auf Erden, und da wäre eine jenseitige Hölle ein Butterbrot.»

Ich sitze erschüttert neben ihr. Antworten kann ich nicht. Nur zuhören. Verzweifelt schreit sie: «Ich beneide die Krebskranken, deren Elend hat ein Ende. Meines nicht. Manchmal würde ich die Ärzte am liebsten töten, die mich im Spital am Sterben gehindert haben. Nun, sie haben mich gerettet. Gerettet für dieses Dreckleben. Zur Strafe sollte jeder dieser Weißkittel mich ein Jahr lang rund um die Uhr pflegen. Beim Windelwechseln den Gestank aushalten. Jeden Tag, ein ganzes Jahr lang, ohne einmal aus meinem Zimmer zu dürfen. Bis sie kotzen und durchdrehen. So müsste das sein!»

Martha sinkt erschöpft ins Kissen, wie zuvor, und dreht laut weinend den Kopf zur Wand. So liegt sie da, und ich spüre, da gibt es nichts mehr zu sagen. Ich sitze während ihrer zunehmend erregten Erzählung schweigend am Bett. Ihr Elend, ihre Verzweiflung nimmt mich mit.

Eine Woche später treffe ich Martha zusammen mit ihrem Hausarzt zu einem weiteren Gespräch. Sie erlebt, wie ernst wir ihren Sterbewunsch nehmen, bleibt ruhig, hört zu. Wieder spricht sie lange, doch diesmal ohne Wut und Hass. «Man kann lange sagen, der Mensch sei ein Gewohnheitstier und mit der Zeit lerne er, sich mit allem abzufinden. Ich kann es nicht. Das weiß ich immer klarer. Wenn ich wüsste, diese Schmach hätte eines Tages ein Ende, ja dann wollte ich durchhalten, wenn es sein muss, noch einmal einige Jahre. Aber es gibt kein Ende. Mein

Hirn bleibt geschädigt. Jeden Tag zweimal läutet jemand von der Spitex. Wer es auch immer ist, Frau oder Mann, sympathisch oder weniger sympathisch, ich muss mich vor diesen Leuten entblößen, liege nackt da, lasse mich reinigen, pudern und salben und die Windeln wieder anziehen. Ich bewundere diese Leute und hasse sie zugleich, hasse jede Berührung, schreie sie manchmal an, dabei müsste ich dankbar sein, dass sie mich pflegen. Und das sechzigmal in einem einzigen Monat. Nur der Tod erlöst mich von diesem Leben, das ich nicht mehr aushalten kann.»

Ich begleite den Hausarzt in seine Praxis. Er erklärt sich bereit, das Rezept für das Sterbemittel auszustellen, und bestätigt mir, dass seine Patientin seit drei Jahren inständig um Sterbehilfe bettelt. Er hätte in vielen Gesprächen vergeblich versucht, ihr dabei zu helfen, zu ihrer Krankheit eine andere Einstellung zu finden. Er sei zwar kirchlich nicht praktizierend, doch überzeugt von der christlichen Nächstenliebe, käme er sich unbarmherzig vor, wenn er sich weigern würde, seine Patientin bei ihrem Sterbewunsch zu unterstützen.

Nach vier Monaten Wartezeit bestehen weder bei mir noch beim Hausarzt Zweifel an der Wohlerwogenheit von Marthas Sterbewunsch. Als ich in Begleitung einer Mitarbeiterin in die Wohnung komme und an ihr Bett trete, beginnt sie heftig zu weinen. Als sie sich gefasst hat, begrüßt sie uns und bedankt sich, dass wir gekommen sind.

«Ich habe mich den ganzen Morgen gesorgt, ob ihr überhaupt kommt, ich habe gebetet, dass euch auf dem Weg nichts passiert. Ich zählte jede Stunde, und das Schlimmste, was mir passieren könnte, wäre noch länger warten zu müssen, bis ich sterben kann.»

Die Mutter tritt an das Bett ihrer Tochter, umschlingt sie, streichelt ihre Arme, küsst sie und geht wortlos in ein anderes Zimmer.

Ich reiche Martha das Sterbemittel, sie trinkt und sagt: «Angst habe ich keine. Mal sehen, ob es ein Drüben gibt, wie sie mir in der Sonntagsschule sagten. Es ist nicht wichtig. Endlich kann ich weg aus dieser Gruft.»[27]

Die Leichenschau

Herr Kriesi, der assistierte Freitod fällt in der Schweiz nach dem Strafgesetzbuch weiterhin in die Kategorie der außergewöhnlichen oder nicht natürlichen Todesfälle. Daher muss die Strafverfolgungsbehörde abklären, ob diesem Todesfall eine Straftat zugrunde liegt.

Ein Mensch, der mit Exit gestorben ist, wird genauso untersucht wie jemand, der sich einsam im Wald erhängt oder im Keller erschossen hat. Es könnte ja immer ein Tötungsdelikt sein. Drei juristische Kategorien stehen hier zur Diskussion: fahrlässige Tötung, Tötung auf Verlangen und vorsätzliche Tötung. Um Delikte auszuschließen, ist Exit gesetzlich verpflichtet, nach jeder Freitodbegleitung die Polizei zu rufen. Diese kommt meist umgehend. Zu zweit oder dritt. Wer grad so in der Nähe ist, und sei es die patrouillierende Straßen- oder Autobahnpolizei. Das können wir nicht steuern. Die Polizei informiert den für außergewöhnliche Todesfälle zuständigen Amtsarzt sowie die Staatsanwaltschaft. Zu dieser ist nach vielen Begegnungen und Gesprächen das Verhältnis inzwischen so gut, dass sie für gewöhnlich nicht mehr zur Stelle ist. Sie erhält jedoch weiterhin genauen Bericht von der Polizei wie auch vom Arzt und entscheidet, ob ein Strafverfahren aufgenommen wird oder nicht. Der Amtsarzt kommt zwingend. Er ist verantwortlich für die Legalinspektion, also die Leichenschau.

Auch nach Marthas Tod rief ich die Polizei an. Eine halbe Stunde später war sie da, kurz darauf kam der Amtsarzt. Wir hatten einander zuvor nicht gekannt. Er war entrüstet. In scharfem Ton wies er mich zurecht, dass es falsch sei, Menschen in den Tod zu begleiten, die noch auf unabsehbare Zeit weiterleben könnten. Er akzeptiere moralisch nur Sterbehilfe von Menschen, die sich bereits in Todesnähe befänden. Aber keinesfalls bei einer jungen Frau mit Kind, die doch noch Jahrzehnte leben könnte, so professionell, wie Martha betreut würde. Es gäbe, so belehrte er mich, genügend Psychiater, Psychologen und Therapeuten, die in der Lage wären, Menschen wie Martha zu helfen, ihre Lage zu akzeptieren und das Schicksal auszuhalten. Er wisse, dass er als Amtsarzt keine Möglichkeiten habe, rechtlich gegen diese Art der Sterbehilfe vorzugehen, da sie ja den Schweizer Gesetzen entspräche. Aber er würde niemals in solch einem Fall das Rezept für das tödliche Sterbemittel ausstellen. Dass der Hausarzt dies getan habe, könne er nicht verstehen.

Erst nach dieser Standpauke untersuchte er Marthas Leiche und musste sie zur Bestattung freigeben. Denn der assistierte Freitod ist nach Artikel 115 des Strafgesetzbuchs keine Straftat, wenn die Hilfe nicht aus selbstsüchtigen Motiven erfolgt.

Der Trubel, Polizei, fremde Menschen im Sterbezimmer, das Warten – das alles muss für die Angehörigen belastend sein.

Das Untersuchungsprozedere wird von den Angehörigen unterschiedlich empfunden. Ich schlage häufig vor, sich während dieser Zeit außer Haus zu begeben. Die Angehörigen gehen dann etwa spazieren, noch bevor die Polizei kommt. Das kann entlastend sein. Insgesamt hat sich viel zum Positiven geändert. Früher stürmten manchmal bis zu zehn Polizeibeamte in die Wohnung. Jeder der Anwesenden wurde einzeln einer genauen Befragung unterzogen. Das alles ist heute nicht mehr der Fall. In der Regel sind die Beamten rücksichtsvoll und zuvorkommend, nicht polizeimäßig im üblichen Sinne, sondern im Bewusstsein, dass sie sich in einem Trauerhaus befinden. Wir von Exit hören immer wieder, dass sie es als eine große Erleichterung empfinden, wenn sie keinen brutalen Suizid untersuchen müssen, sondern stattdessen eine Situation vorfinden, in der der Prozess von der Willensäußerung des Sterbewilligen bis zu seinem Freitod lückenlos dokumentiert ist.

Exit und andere Sterbehilfeorganisationen müssten sich noch viel energischer dafür einsetzen, dass ein assistierter Freitod strafrechtlich gewissermaßen als eine Art außergewöhnlicher «Todesfall light» klassifiziert und in der Folge viel schonender und zurückhaltender untersucht wird, sodass ohne Verdacht – etwa Hinweise auf eine Komplizenschaft zwischen Familie und Freitodbegleiter – kein Grund mehr für die Leichenschau vorliegt. Das wäre eine Entlastung für die betroffenen Familien, die Behörden, für alle Beteiligten. Paradoxerweise gilt ja die palliative Sedierung, über die wir schon sprachen, nicht als außergewöhnlicher Sterbefall, die Staatsanwaltschaft kommt nicht ins Spiel. Warum dann obligatorisch bei Exit?

Mein Ich vor sechzig Jahren – wir würden uns nicht verstehen

Herr Kriesi, jetzt lassen Sie mich Ihnen doch den Packen Bücher abnehmen!

Ein braves Pferd stirbt in den Sielen … Ich bin nicht da, um mich zu schonen.

Klingt kaum besser als die Bibelsprüche, die Sie so vehement ablehnen.

Sie kennen nicht meine Erziehung …

Wie kam es, dass Sie Pfarrer geworden sind?

Um eine Jugendsünde zu korrigieren.

Hat es funktioniert?

Ja.

Und die Jugendsünde?

Mein Eintritt in das evangelikale Predigerseminar, wo ich nach vier Jahren Ausbildung und zwei Jahren obligatorischem Praktikum im Welschland ein undefinierbar schlechtes Gefühl hatte.

Sechs Jahre! So lang? Das erklärt vieles.

Wie meinen Sie nun das?

Ihre für einen Pfarrer ungewöhnlich scharfen, polemischen Worte etwa, sobald jemand mit der Bibel moralisiert. Ich kenne Sie ja nur als kritischen Theologen und Freitodbegleiter. Von

Ihnen habe ich bisher nie gehört und kann es mir auch nicht vorstellen, dass Sie eine Ihrer theologischen Ausführungen mit dem keinen Widerspruch duldenden Satz beginnen: «Die Bibel sagt ...» Daher: Wie haben Sie die Ausbildung, wie das evangelikale Milieu ausgehalten?

Es war keine Frage des Aushaltens. Anfangs hatte das Predigerseminar meiner Lebenseinstellung entsprochen. Doch am Schluss, da habe ich gewusst, dass diese Theologie, diese Frömmigkeit nicht die meine sein kann. Normalerweise ist man beglückt, wenn man einen Abschluss hat. So war es etwa, als ich mit neunzehn meinen Gesellenbrief als Schreiner erhielt. Aber nicht, als ich das Zeugnis in der Hand hielt, mit dem ich mich innerhalb der freikirchlich-evangelikalen Gemeinschaft als Prediger hätte anstellen lassen können.

Schreiner, evangelikaler Prediger, protestantischer Pfarrer, dann Freitodbegleiter. Zwischendrin wohl noch die Rekrutenschule. Beginnen wir von vorne.

Nun, mein Geburtsjahr kennen Sie. 1932. Geboren wurde ich in Dübendorf, aufgewachsen bin ich Gfenn, einem Weiler in der Nähe. Ich war das zweitälteste von neun Kindern. Ein zehntes starb kurz nach der Geburt. Wir wohnten dort in einem Haus, das anstelle des 1828 abgebrannten Lazariterklosters aus dem 13. Jahrhundert auf dessen übrig gebliebenen meterdicken Grundmauern aufgebaut war. Es teilte die Rückwand mit der Lazariterkirche, die damals als Scheune benutzt wurde. Mein Großvater mütterlicherseits hatte unser Familienhaus einst gekauft, er betrieb daselbst eine Kleinlandwirtschaft mit vier Kühen, einigen Hühnern und einem Schwein, wie dies damals üblich war. Eine unglaubliche Plackerei! Nun wuchs die dritte Generation darin auf. Rings um uns lebten Bauern und Arbeiter, die von morgens bis abends chrampften und ehrbar ihre Familien durchbrachten. Vor allem an den Wochenenden trafen sich die Gfennermannen im Restaurant Frohsinn, jassten und becherten drauflos, bis der Morgen anbrach. Ich kannte alle mit Namen. Sie taten niemandem bewusst etwas zuleide, taten ihre Pflicht, prügelten ihre Kinder in bester Absicht. Fast alle waren reformiert, fast alle waren Mitglieder der Landeskirche, aber keiner von diesen hatte mit der Religion etwas am Hut. Ein Nachbar war mondsüchtig, wie man sagte. Ein anderer soff sich zu Tode. Eine Nachbarin empfing im Schlaf göttliche Botschaften, die sie anderntags im Dorf verbreitete. Ein Sabbatist verkündete bei jeder Gelegenheit: Einmal im Leben Schweinefleisch essen – und für ewig verdammt. Zwei Bauernhäuser waren in nächster Umgebung durch Brandstiftung abgebrannt, der Milchmann wurde mitten im Dörfli ermordet.

Mein Vater arbeitete auf dem Dübendorfer Militärflugplatz als Schreiner. Und dies war auch der Grund, dass wir Gfenn für längere Zeit verließen. Auf Befehl von General Guisan, dem Oberbefehlshaber der Schweizer Armee während des Zweiten Weltkriegs. Sein Réduitplan sah vor, dass der Flugplatz Dübendorf und somit der Arbeitsplatz meines Vaters nach Buochs am Vierwaldstättersee verlegt wurde, ein damals fast geschlossen katholisches Dorf. Und so kam es, dass ich vom Ende der zweiten Klasse bis zum Beginn der fünften bei Nonnen in die Schule ging.

Unser Hausmeister lebte mit seiner Schwester zusammen. Aus Angst vor Teufel und Dämonen schliefen beide im selben Zimmer und löschten die ganze Nacht das Licht nicht. Der Hausmeister wusch seine Füße in der großen Bratpfanne, und wir bekamen fünfzig Rappen, wenn wir ihm die Zehennägel schnitten. In der Küche wimmelte es von Schwabenkäfern und Mäusen. Im oberen Stock dieses Innerschweizer Holzhauses wohnten wir in drei Zimmern – wir waren sechs Kinder. Man hörte von unten und oben jeden Ton, und der Gestank von Angebranntem drang täglich durch das ganze Haus.

Alle Buochser Mädchen und Knaben wurden in einem katholischen Glauben erzogen, der sich vom Mittelalter in nichts unterschied. Der tägliche Kirchgang war obligatorisch. Jeden Morgen, vor Schulbeginn, strömten sämtliche Kinder zur Messe in die Kirche. Danach wurden sie in Zweierkolonnen zum Schulhaus geführt, wo wir wenigen Protestantenkinder schon warteten. An der Schulhaustüre hing ein Gefäß mit Weihwasser, jedes Kind griff hinein und zeichnete mit dem benetzten Daumen ein Kreuzzeichen auf Stirn, Mund und Brust.

Es war während dieser Schuljahre in Buochs, dass mir die große Ehre zuteilwurde, von Nonnen verdroschen zu werden. Einmal hatte eine mich tags zuvor beobachtet, wie ich mich mit dem Buben vom Polizeimeister prügelte. Am nächsten Tag in der Schulstunde rief sie mich nach vorn, und ich musste mich auf die Bank legen. Dann schlug sie zu. Und wie! Doch das ließ ich nicht auf mir sitzen. Sie hatte die Angewohnheit, im Klassenzimmer hin und her zu laufen, in der Hand den Prügelstecken, auf dem Kopf eine Haube, die Bändel hingen rechts und links herunter. Als sie wieder einmal an mir vorbeiging, sprang ich auf, fasste die Bändel und drehte mit ihnen die Haube um 180 Grad, sodass sie verkehrtherum auf dem Kopf saß und ihr Gesicht verdeckte. Sie können sich nicht vorstellen, wie wütend sie wurde, wie schrill sie schrie und wie sie mich mit den blanken Fäusten verdrosch. Doch diesen Preis habe ich gerne bezahlt.

Da hat sich viel verändert. Grad kürzlich haben wir während einer Wanderung am Vierwaldstädtersee in einige katholische Kirchen geschaut. Die Beichtstühle waren mit Mobiliar und altem Kram vollgestellt.

Nicht anders ist es in Buochs. Daran können Sie ablesen, welchen enormen Wandel meine Generation erlebt hat. Wir sind jetzt die Alten – und so sind vor allem wir es, die mit den im Kindheitsglauben verwurzelten Dogmen zu kämpfen haben, wenn es um das Ende des Lebens geht.

Noch wundert es mich, warum Sie den Beruf des evangelikalen Predigers für ein Gottesbild ergreifen wollten, das von Peitsche und Liebe bestimmt ist, von Höllendrohung und dem einzigen Ausweg: Buße tun.

Es steckte in meiner Psyche. Tatsächlich hätte mir meine erste Ausbildung durchaus auch Berufe wie die des Innenarchitekten öffnen können. Ich empfinde es als großes Privileg, dass mich meine Eltern nach acht Jahren Schule, nach meinem Sekundarschulabschluss, in eine Schreinerlehre schickten. Denn für gewöhnlich wurden die ältesten Buben bei Voraussetzungen wie in meiner Familie Hilfsarbeiter, damit sie sogleich dazuverdienen konnten. Wir waren eine «überkindete» Familie, wie es Jeremias Gotthelf genannt hat. Als mein Vater beim Militär in Buochs war, erhielt er einen Franken Sold pro Tag, zu Hause waren wir schon sechs Kinder. Meine Eltern waren ständig besorgt, dass wir uns halbwegs satt essen konnten.

Meine Schulferien verbrachte ich bei meiner Großtante in Rafz. Auch ein Kleinbauernbetrieb mit wenigen Kühen, drei Rebbergen, Obst, Beeren, Getreide, Kartoffeln, Mohn und Raps.

Im Hochsommer arbeiteten wir von morgens sechs bis abends gegen zehn Uhr, bis das letzte Heu und die letzte Garbe auf der Bühne versorgt war. Im Alter von zwölf Jahren fuhrwerkte ich allein mit Kühen als Zugtiere. Vom Dorf bis zum äußersten Acker war ich mit ihnen eine halbe Stunde unterwegs. Sie sehen, neben Schreiner, freikirchlicher Prediger, Armeeseelsorger, Offizier, Pfarrer und Freitodbegleiter gehört auch der Kleinbauer zu meinen Berufen.

Kommen wir nochmals zurück zu Ihrer Schreinerlehre.

Sie dauerte dreieinhalb Jahre, in dieser Zeit konnte ich kein Geld nach Hause bringen. Nach dem Abschluss arbeitete ich dann vier Jahre als Schreiner auf dem Militärflugplatz wie mein Vater und gab den gesamten Lohn meiner Mutter. Danach hätte ich ohne Weiteres eine Fachhochschule besuchen können.

Ihre Eltern waren aktive Mitglieder der evangelikalen Gemeinde?

Ja, und sie haben mich in diesem Sinne erzogen.

Was hieß das?

Mein Vater war in dieser Frömmigkeit gefangen, mit der furchtbaren Angst, dass wir in der Hölle landen, wenn wir kein ethisches Leben führen. Das hat unseren Alltag bestimmt. Meine Eltern schickten mich in die freikirchliche Jugendgruppe. Ich spielte Flügelhorn, und als ich alt genug war, wurde ich Mitglied im Posaunenchor, der die freikirchlichen Großveranstaltungen im meist völlig überfüllten Zürcher Hallenstadion musikalisch begleitete. Die Prediger übten auf mich eine große Faszination aus, ihre Suggestivkraft war unglaublich.

Der Inhalt?

Pietistische Bekehrungstheologie. Die Grundbotschaft war: Komm zu Jesus, und all deine Probleme sind gelöst. Die Kehrseite war: Wer sich nicht zu Jesus bekennt, geht der ewigen Verdammnis entgegen.

Haben Sie auch den amerikanischen Evangelisten Billy Graham gehört, dessen Charisma sich offenbar weder die amerikanischen Präsidenten noch Queen Elisabeth II. entziehen konnte?

Billy Graham? Ja, das habe ich. Er war Mitte der Fünfzigerjahre in Zürich im Hardturmstadion. Es war unglaublich beeindruckend, vor allem für junge Menschen. Er rief uns zu, dass alles ans Licht käme, das Ende wäre Gericht und Hölle. Es gab da noch andere solche Superprediger. Tommy Hicks etwa sprang auf der Bühne umher wie ein Verrückter, riss sich das Jackett vom Leib und schrie die ewige Verdammnis in die Menge. Dann gab es noch den Wunderheiler William Branham. Im wie immer prall gefüllten Hallenstadion führte er seine Heilungen vor unter der Devise: Wer richtig glaubt, kann gar nicht erkranken. Und die, die krank und verkrüppelt sind, würde er mit Gottes Hilfe heilen. Rund fünfzig Kranke lagen vor ihm auf der Tragbahre, während er Gott beschwor. Bei diesen Gottesdiensten kam es regelmäßig zu Massenhysterien.

Denken Sie jetzt aber bitte nicht, diese Sozialisation sei nur eine Katastrophe für mich gewesen. Vieles in der Freikirche ist dialektisch, hat eine positive und eine negative Seite. Es ist ihre Stärke, dass sie eine hohe Zuwendung zum Mitmenschen lebt, ich habe viele Mitglieder kennengelernt, die eine tiefe Empathie für das Leiden anderer haben. Etwas, was mich geprägt hat und bis heute bereichert. Auch wurde uns von klein an beigebracht, dass wir uns ehrlich benehmen und später, wenn wir älter sind, kein verweltlichtes Leben führen sollen. Wir lernten, dass ein gläubiger Mensch weder raucht noch trinkt, dass er keine Schulden macht, regelmäßig arbeitet, einen Teil seines Lohnes für soziale Zwecke ausgibt und anständig gegenüber Frauen ist. Das kann während der Pubertät ein hilfreiches Korsett bedeuten. Und so hat mir als junger Mensch die Zugehörigkeit zur evangelikalen Gemeinschaft Stabilität gegeben. Wofür ich bei meiner Herkunft am dankbarsten bin: Die evangelikale Gemeinde hat mir ein Fenster in eine geistige Welt gezeigt. Sie hat mich vor der Proletarisierung gerettet.

Und die negative Seite? Ein durch die Erwartungen der Gemeinde vorbestimmter Lebenslauf? Eine intellektuelle Enge, der sich nicht jeder fügen mag?

Ja, der Preis war ein permanent schlechtes Gewissen, verursacht durch den ethischen Rigorismus, der Unmögliches verlangte. Als Kind, als Jugendlicher, noch als junger Mann während meiner Schreinerausbildung habe ich das alles nicht so empfunden und mich insofern wohlgefühlt. Doch gegen Ende meiner Predigerausbildung geriet ich zunehmend in Konflikt mit dem evangelikalen Frömmigkeitsstil, mit der verengten Bibelinterpretation, der rigorosen Ethik. Die Bibel ist Gottes Wort und darf nicht kritisch ergründet werden. Was in der Bibel steht, das gilt für alle Menschen zu allen Zeiten. Wort für Wort.

Wort für Wort? Nicht eher: Deutung für Deutung, die so tut, als sei sie die einzig mögliche?

Nehmen wir die oft zitierte Stelle, wenn es um die kirchliche Verdammung der Freitodhilfe geht. Luther übersetzte Psalm 31.16: «Meine Zeit steht in Deinen Händen.» Das wird so interpretiert, dass es allein in Gottes Macht liegt, wann und wie ein Mensch sterben soll. Alles andere wäre ein Verstoß gegen Gottes Willen. In der Zürcher Bibel lautet dieselbe Stelle: «Ich aber vertraue auf dich, HERR, ich spreche: Du bist mein Gott.» Das heißt doch, dass ich mich in allem, was ich tue und entscheide, auf das Vertrauen in Gott stützen kann. Auch im Blick auf meinen Sterbeentscheid.

Dann war es also so: Die evangelikale Gemeinde öffnete Ihnen einen Ausweg aus der proletarischen in die geistige Welt – und in dieser fanden Sie eine weitere Tür, die Ihnen dann den Ausweg aus der evangelikalen bot, die Ihnen zu eng geworden war.

So lässt es sich ausdrücken. Beim Abschluss meiner Predigerausbildung war mir klar geworden, dass ich eine wissenschaftliche theologische Ausbildung brauchte. Ich begann in Basel Theologie zu studieren. Mein Vater war schon Jahre zuvor gestorben. Er hätte dies nicht gutgeheißen, mein Studium wäre für ihn ein Abfall vom Glauben gewesen. Meine Mutter war da anders, liberaler. Sie hat mich in meinem Entscheid unterstützt.

Helfen Sie mir. Trotz Ihrer Erzählungen kann ich mir Sie immer noch nicht als jungen Mann vorstellen, der sich während der Ausbildung mit Hingabe auf ein Leben als evangelikaler Prediger vorbereitet.

Das kann ich auch nicht. Werner Kriesi vor mehr als sechzig Jahren, am Ende seiner Predigerausbildung, könnte sich mit Werner Kriesi von heute nicht verständigen.

Herr Kriesi, wollen Sie mir nicht wenigstens einen Teil Ihrer Bücher abgeben?

Nein – er lacht – *Sie wissen doch: Ich trage freiwillig die Lasten meines Lebens.*

1982: Walter Baechi und Hedwig Zürcher gründen Exit

«1989 war der körperliche Abbau so weit fortgeschritten, dass ich auf den Alpinismus und manch anderes endgültig verzichten musste. Alpin- und Skiausrüstung wurden verschenkt. Meine Selbstkritik erlaubt auch nicht, darüber hinwegzusehen, dass auch die geistigen Fähigkeiten und Kräfte schwinden. Um mein schönes, reiches Leben nicht mit einem kläglichen Schlusskapitel zu beenden, gedenke ich deshalb, mich freiwillig in den längeren Schlummer (Hölderlin) zu begeben.»[28]

So endet der Lebenslauf von Walter Baechi, der am 5. Dezember 1989 achtzigjährig stirbt. Er, der Exit 1982 mitgegründet hatte, vergiftet sich in seiner Garage bei laufendem Automotor mit Kohlenmonoxid. Da er an keiner tödlichen Krankheit leidet, erfüllt er die damaligen Kriterien für eine Freitodbegleitung mit Exit nicht.

1909 in Zürich geboren, erwirbt Walter Baechi zuerst das Lehrerpatent und studiert daraufhin Jura. Nach bestandenem Doktorat und Anwaltsexamen eröffnet er 24-jährig ein eigenes Advokaturbüro. Schon bald gilt er als Staranwalt. 1938 gelingt ihm in einem Revisionsverfahren der Freispruch eines Mannes, der zu lebenslänglichem Zuchthaus wegen Ermordung seiner Ehefrau verurteilt worden war. Später verteidigt er unter anderem Gottlieb Duttweiler, den Gründer der Migros, und Bernard von Brentano, den deutschen Schriftsteller. Im Januar 1975 wird er Anwalt von Urs Haemmerli, dem Chefarzt des Zürcher Triemlispitals.

In der Affäre Haemmerli stand die passive Sterbehilfe bei bewusstlosen, durch die Medizin am Leben erhaltenen Menschen zur Diskussion. Das Verfahren wurde eingestellt, und somit war klar, dass diese Art der Hilfe unter bestimmten Bedingungen nicht strafbar ist.

Die im September 1977 vom Zürcher Stimmvolk mit 203 148 Ja gegen 144 822 Nein angenommene Volksinitiative «Sterbehilfe auf Wunsch für unheilbar Kranke» verlangte die Legalisierung der aktiven Sterbehilfe. Das Eidgenössische Parlament gab der Forderung nicht statt. Die ihm zuarbeitende Kommission urteilte: «Die aktive Tötung eines Menschen ist mit anerkannten ethischen, medizinischen und juristischen Grundsätzen unvereinbar.»[29]

So stand die Frage weiterhin im Raum: Wie soll mit dem Wunsch derjenigen umgegangen werden, die bei Bewusstsein und voller Urteilskraft zu sterben wünschen? Und sich weder erschießen, erhängen, vergiften oder vor den Zug werfen wollen oder können? Hier wird Exit einen Ausweg finden: den assistierten Freitod.

Den entscheidenden Anstoß zur Gründung von Exit gibt Hedwig Zürcher, eine pensionierte Lehrerin aus Bern. Der Anfang, so berichtet sie, sei eine Notiz im Zürcher «Tages-Anzeiger» vom November 1979 über eine Euthanasie-Gesellschaft in London gewesen. Sie nimmt Kontakt auf und ist begeistert: «Waren da nicht Menschen, die meine eigene Auffassung teilten, dass letzte Fragen vorbereitet und besprochen werden sollten und überlebte Tabus gebrochen? War da nicht Hilfe angeboten worden den Vielen, die eventuell ein schweres Sterben erleiden müssen, weil grausame Gesetze, Vorurteile und Bigotterie herrschen?»[30]

1981 schreibt Hedwig Zürcher einigen Mitgliedern des Komitees der Volksinitiative «Sterbehilfe auf Wunsch für unheilbar Kranke». Doch bis auf eine Ausnahme reagiert niemand, offenbar war die Abweisung der Initiative durch Bern zu demoralisierend.[31] Die Ausnahme ist Walter Baechi, der im Komitee der Volksinitiative federführend gewesen war. Anfang 1982 schalten Hedwig Zürcher und er in drei Schweizer Tageszeitungen unter dem fettgedruckten Titel «Sterbehilfe» folgendes Inserat:

«In einer Volksabstimmung haben die Zürcher 1977 mit Zweidrittelmehrheit dem Begehren zugestimmt, die aktive Sterbehilfe unter strengen Kautelen zu legalisieren. Die Eidg. Räte wiesen den Vorschlag zurück. Es sind bereits ca. 22 Organisationen in verschiedenen Ländern tätig, um durch geänderte Gesetzgebung Rechte und Pflichten von Patient und Arzt neu zu regeln. Mitglieder können auch Unterstützung und Ratschläge zur Selbsthilfe erhalten. Die Gründung einer solchen Vereinigung in der deutschen Schweiz ist in Vorbereitung. Interessenten werden gebeten, sich zu melden. Sie werden dann zu einer Orientierungs- und Gründungsversammlung eingeladen. Namen werden diskret behandelt. Schreiben Sie bitte mit genauer Adresse / Tel.-Nr. in Blockschrift an Chiffre 44-20578 Publicitas, Postfach, 8021 Zürich.»

«Unerwartet viele Interessierte», so Hedwig Zürcher, melden sich, und so trifft man sich am 3. April 1982 im Zürcher Restaurant Du Pont. Am Ende wird die Gründungsurkunde des Vereins *Exit (Deutsche Schweiz) Vereinigung für humanes Sterbe*n von 69 Personen unterschrieben. Das Ziel: «Das freie Verfügungsrecht des Menschen über sein Leben».[32] Wenige Wochen später wird Walter Baechi zum Präsidenten gewählt.

Die Vizepräsidenten sind Hedwig Zürcher sowie Rolf Sigg, reformierter Pfarrer und promovierter Psychologe.

Exit entwirft noch im selben Jahr eine Schweizer Version der Patientenverfügung, die bisher nur aus dem Ausland bekannt ist. Walter Baechi schreibt 1983 in einem kurzen Aufsatz mit dem Titel «Sterbehilfe-Postulate»: «Das aktuellste Problem aber ist die *passive Sterbehilfe für den bewusstlosen Patienten.*»[33] Der Fall Haemmerli habe bestätigt, dass der Arzt berechtigt sein kann, die künstliche Lebensverlängerung abzubrechen. Doch stünde er dabei vor einem Dilemma. Denn wann sei «der Moment gekommen, wo die passive Sterbehilfe richtig ist»? Hier könnten, so Walter Baechi, Patientenverfügungen einspringen, die man als Gesunder oder zumindest noch Urteilsfähiger abgegeben habe.

Auch eine erste Freitod-Anleitung für Schwerstkranke wird fertiggestellt, die vor ungeeigneten Methoden warnt und geeignete erläutert. Auf Nachfrage wird sie an Personen abgegeben, die seit mindestens drei Monaten Mitglied bei Exit sind. Walter Baechi schreibt in dem erwähnten Aufsatz, dass allerdings gerade der Schwerstkranke Schwierigkeiten haben könnte, einen Freitod richtig durchzuführen, besonders wenn er im Spital läge. Daher sei die Feststellung wichtig, «dass auch *der Arzt zur Freitodhilfe berechtigt* ist». Walter Baechi betont, wie merkwürdig es sei, dass in der bisherigen Sterbehilfe-Diskussion gerade diese Art der Freitodhilfe nicht beachtet würde. Denn warum sonst all die Auseinandersetzungen um die aktive Sterbehilfe, die Tötung auf Verlangen, um die es bei der Zürcher Volksabstimmung 1977 ging? Man sei sich offenbar nicht bewusst gewesen, dass sie «überflüssig wird, wenn der Arzt Freitodhilfe leistet und der

Patient noch in der Lage ist, das Freitodmittel selber anzuwenden, das Medikament selber einzunehmen».

Damit hat Exit neben der Gewährleistung der auf die Patientenverfügung gestützten passiven Sterbehilfe eine weitere Kernaufgabe gefunden: den assistierten Freitod. 1984 streicht die Generalversammlung das ursprüngliche Fernziel, Artikel 114 des Schweizerischen Strafgesetzbuches zur «Tötung auf Verlangen», abzuändern. Es wäre dahin gegangen, diese und somit aktive Sterbehilfe unter bestimmten Bedingungen zu entkriminalisieren. Die Begründung: «Die aktive Sterbehilfe (Tötung auf Verlangen, Todesspritze) ist wegen der nationalsozialistischen Euthanasiepraktiken emotional so belastet, dass, auf sehr lange Zeit hinaus, die Chancen einer entsprechenden Gesetzesrevision gleich null sind. Dieser Programmpunkt ist es ferner, welcher uns viele Sympathisanten und mögliche Mitglieder entfremdet, vor allem auch in der Ärzteschaft. Anderseits hat sich gezeigt, dass die aktive Sterbehilfe gar nicht nötig ist.»[34]

Im Januar 1985 begleitet Exit die erste Person in den Freitod, 1989 stirbt Hedwig Zürcher 83-jährig mit der Hilfe des von ihr gegründeten Vereins. 1992, zehn Jahre nach der Gründung, zählt Exit 50 000 Mitglieder. Nochmals fünf Jahre später, 1997, sind es bereits 70 000, 2021 über 135 000. Im Jahr 2020 begleitet die Sterbehilfeorganisation 913 Menschen in den Tod, das Durchschnittsalter liegt bei knapp 79 Jahren.

Artikel 115 Schweizerisches Strafgesetzbuch

«Wer aus selbstsüchtigen Beweggründen jemanden zum Selbstmorde verleitet oder ihm dazu Hilfe leistet, wird, wenn der Selbstmord ausgeführt oder versucht wurde, mit Freiheitsstrafe bis zu fünf Jahren oder Geldstrafe bestraft.» Art. 115 StGB: «Verleitung und Beihilfe zum Selbstmord»

Als brillanter Jurist hatte Walter Baechi die Expertise, für Exit den Spielraum zu öffnen, der im Artikel 115 des Schweizerischen Strafgesetzbuches liegt. Hinzu kam seine Persönlichkeit, leidenschaftlich und kompromisslos für eine Sache einzutreten, von der er überzeugt war. Walter Baechi schuf das Bewusstsein, dass die Hilfe zum Sterben durch das Gesetz nicht verboten ist: Artikel 115 stellt sie nur dann unter Strafe, wenn sie aus selbstsüchtigen Beweggründen erfolgt. 1942 trat das Gesetz in Kraft, der Gesetzgeber argumentierte: Wenn der Suizid nicht strafbar ist, dann auch nicht die Beihilfe, außer bei selbstsüchtigen Motiven.

Ich habe hier eine Kopie des Schweizerischen Bundesblatts von 1918, in dem der zukünftige Artikel 115 vom Bundesrat diskutiert wird. Hier heißt es: «Die Selbsttötung ist im modernen Strafrecht kein Vergehen, und es liegt keine Veranlassung vor, etwa aus bevölkerungspolitischen Gesichtspunkten auf das frühere Recht zurückzukommen.»[35]

Seit der Aufklärung im 17., 18. Jahrhundert verlor die Selbsttötung auch in der Schweiz zunehmend das Stigma einer schwe-

ren Sünde gegen Gott. Hatte Augustinus jede Selbsttötung, außer die von Gott befohlene, noch als Mord verdammt, wurden nun Motive wie Selbstopfer, Not und Ehre als vertretbare Gründe angesehen. Ende des 19. Jahrhunderts werden Suizid und Suizidversuch legal. Und da die Beihilfe zu einer straffreien Tat ebenfalls straffrei sein muss, wurde nun auch darüber diskutiert, die Suizidhilfe zu legalisieren.

«Überredung und Beihilfe zum Selbstmord», so der Bundesrat 1918, «kann eine Freundestat sein.» Zur Veranschaulichung wird in den Diskussionen immer wieder dasselbe Beispiel herangezogen: Derjenige soll ungestraft bleiben, der aus Freundschaft einem Offizier einen Revolver bringt, weil dieser wegen eines gemeinen Verbrechens in Untersuchungshaft sitzt. Gleiches gilt für alle anderen Freundestaten, in denen es um die Ehre der Familie geht.[36] Die Verleitung oder Hilfe zum Selbstmord unter diesen Umständen nahm der Artikel 115 von der Strafbarkeit aus, indem er nur die «selbstsüchtigen Beweggründe» unter Strafe stellt, Beweggründe also, die von böser Gesinnung getragen sind. An Sterbehilfe für leidende Menschen hatte man wohl damals kaum gedacht. Und somit auch nicht daran, dass nicht Freunde, sondern Dritte, Außenstehende Beistand leisten könnten.

Ich würde nicht sagen: kaum gedacht, sondern: gar nicht gedacht. Damals war die Medizin noch nicht so weit, dass sich die Frage aufgedrängt hätte. Doch da der Artikel 115 die Situationen nicht einschränkt, in denen die Hilfe stattfinden kann, konnte sich Exit auf ihn stützen. Wenn also jemand an eine Erbschaft kommen, eine schwangere Freundin oder einen im Weg stehenden Ehepartner aus der Welt schaffen will, dann ist die Sterbehilfe verboten. Leistet Exit hingegen die Hilfe auf die autonome und wohlerwogene Entscheidung des unheilbar erkrankten Sterbewilligen hin, dann gibt es dagegen keine juristische Handhabe. Die ersten Freitodbegleitungen hatten hier ihren juristischen Rückhalt. Und daran hat sich bis heute nichts geändert. Die Freitodbegleitungen wurden übrigens nicht von Walter Baechi durchgeführt, sondern von Rolf Sigg, dem reformierten Pfarrer und Psychologen, gemeinsam mit seiner Frau Lucia. Sie begleiteten in den folgenden fünfzehn Jahren beinahe im Alleingang vor allem schwerstkranke Menschen mit Krebs oder anderen terminalen Krankheiten sowie, seltener, auch mit unheilbaren psychischen Krankheiten in den Tod.

Die erste Person, die sie begleiteten, war eine Frau aus dem Tessin. Rolf Sigg hatte zuvor weder die Behörden noch die Medien in Kenntnis gesetzt. Er handelte in eigener Verantwortung, gestützt auf den Entscheid der Generalversammlung und juristisch legitimiert durch Walter Baechis Interpretation des Artikels 115. Erst nachdem die Frau gestorben war, rief er ein Familienmitglied und dann die Tessiner Polizei an und stellte sie vor vollendete Tatsachen. Die Polizei kam mit Blaulicht, brachte das Ehepaar auf das Revier und verhörte sie getrennt über viele Stunden, um ein Tötungsdelikt auszuschließen. Damals hatte Lucia Sigg die Idee, zukünftig von den Sterbewilligen eine Freitoderklärung ausfüllen zu lassen, die noch heute verwendet wird. In diesem Dokument bestätigt die Person an dem verabredeten Sterbetag mit ihrer Unterschrift, dass sie mit Hilfe von Exit aus dem Leben scheiden will.

Diese Freitoderklärung war ein wichtiger Schritt für die Vertrauensbildung gegenüber der Polizei, der Staatsanwaltschaft und der Bevölkerung. Gesetzlich vorgeschrieben war sie damals nicht – und das hat sich bis heute nicht geändert. Zusätzlich zu dieser Erklärung fertigt Exit für jede Begleitung eine Dokumentation an, die etwa die ärztliche Diagnose und die schriftliche Bestätigung der Urteilsfähigkeit des Sterbewilligen enthält.

Als die ersten Begleitungen durchgeführt wurden, waren die Behörden unsicher, wie sie damit umgehen sollten. Die passive Sterbehilfe war seit der Affäre Haemmerli in der Diskussion und gesellschaftlich nicht mehr tabuisiert. Die aktive Sterbehilfe war durch Artikel 114 des Strafgesetzbuches unmissverständlich verboten. Nun kam als neue Variante der assistierte Freitod hinzu, der dank dem Spielraum von Artikel 115 möglich geworden war. Und die dann auch tatsächlich von den Pionieren von Exit genutzt wurde, ohne vorherige Diskussionen, ohne irgendwelche Behörden zu fragen oder Gutachten einzuholen. Einzig mit dem neu gegründeten Verein und der Rechtsexpertise von Walter Baechi im Rücken. Ein wirklich kühner Schritt!

Herr Kriesi, lassen Sie uns nochmals auf die «selbstsüchtigen Beweggründe» des Artikels 115 zurückkommen. Wo beginnen diese? Wenn jemand nicht heldenhaft handelt, rücksichtslos gegen sich selbst? Wenn jemand indifferent ist? Oder erst, wenn jemand ein dunkles Motiv verfolgt? Auf welche Hinweise, auf welche Daten verlasse ich mich, wenn ich die Selbstsüchtigkeit beurteile? Auf das, was die Person über sich sagt? Auf die Hinweise, die ich erhalte, wenn ich ihr Verhalten und ihre Mimik beobachte? Auf das, was Dritte meinen, die sie gut zu kennen glauben? Auf die äußeren Umstände? Das ist alles höchst auslegungsbedürftig. Ich habe den Eindruck, dass Selbstsucht daher meist an materiellen Interessen abgelesen wird, also am Geld, das im Spiel ist: Der Helfer darf vom Tod des Suizidenten nicht finanziell profitieren. Und auch die Kritik an Sterbehilfeorganisationen fokussiert sich oft darauf: Erhält ein Freitodbegleiter eine Entschädigung, zahlt ein Sterbewilliger, dann ist der Verdacht schnell da, es sei Selbstsucht im Spiel. Bei Exit erhalten die Freitodbegleiter, wie es heißt, eine Spesenpauschale. In den Medien hat dies zu gehässigen Kommentaren geführt; es ist von Abzockerei und Bereicherung die Rede.

Diese Kommentare zielten nicht nur auf die Freitodbegleiter, sondern auf den gesamten Vorstand und auch die Geschäftsleitung. Ob ein Lohn als selbstsüchtiges Motiv beurteilt werden könne und dadurch Artikel 115 verletzt werde, war eine jahrelange, heftige Diskussion. Die Zürcher Staatsanwaltschaft vertrat schließlich die Meinung, dass Entlohnung im marktüblichen Rahmen mit Selbstsucht nichts zu tun habe. Auch das Bundesgericht sieht kein Problem.

Trotzdem steht Exit wie andere Sterbehilfeorganisationen weiterhin in der Kritik, den Tod zu kommerzialisieren. Schon Walter Baechi hatte sie auf der Gründungsversammlung 1982 im Blick: «Unsere Tätigkeit ist dermaßen delikat, dass niemand daraus ein Geschäft oder einen Erwerb machen darf. Natürlich müssen wir Hilfskräfte für die Administration beschäftigen und bezahlen, aber die für die Leitung Verantwortlichen müssen gratis tätige Idealisten sein. Das ist auch von Gesetzes wegen nötig, wenn wir nicht gegen das Strafgesetz verstoßen wollen. Wer im Rahmen einer besoldeten Tätigkeit solches tut, riskiert strafrechtliche Verfolgung.»[37]

Die Sterbehilfe und das Geld

Viel Geld ist anfangs nicht im Spiel. Das anderthalbseitige Kurzprotokoll der Gründungsversammlung von Exit hält unter «Punkt 4. Mitgliederbeiträge», dem längsten und letzten Absatz, fest:

«Nach längerer Diskussion wird der Jahresbeitrag auf Fr. 30.– festgesetzt; Fr. 20.– zahlen weitere im selben Haushalt lebende Personen, die auch Mitglieder werden wollen. Den Mitgliedern soll gesagt werden, dass der Beitrag kaum kostendeckend ist, sodass freiwillige Mehrbeträge dankbar entgegengenommen werden. Bedürftigen kann der Vorstand den Beitrag erlassen.»

Die Freitodbegleitungen werden von Rolf Sigg durchgeführt, meist gemeinsam mit seiner Frau Lucia. Jeweils rund fünf während der ersten Jahre, 1988 sind es dann mehr als zehn, 1994 mehr als sechzig. Weiterhin ist es das Ehepaar Sigg, das diese Aufgabe übernimmt, mit gelegentlicher Hilfe weniger Frauen und Männer. Die Arbeit ist ehrenamtlich, nur die per Beleg ausgewiesenen Telefon- und Reisespesen wurden zurückerstattet.

Als 1996 Rolf und Lucia Sigg erstmals über hundert Sterbewillige begleiten, publiziert Exit im Januar 1997 ein Inserat in der Mitgliederzeitschrift «Exit-Info», in dem es Begleiterinnen und Begleiter mit folgenden Eigenschaften sucht:

«Herzensbildung, aber auch Kontakt-, Gesprächs- und Einfühlungsfähigkeit, ruhige Sicherheit auch in schwierigen Situationen, weltanschauliche Toleranz (keinerlei missionarischen Drang!), ausgesprochene Teamfähigkeit und die selbstverständliche Fähigkeit, sich genau an vorgegebene Arbeitsabläufe zu halten.»[38]

Abschließend wird darauf hingewiesen, dass es sich bei der Freitodbegleitung – bei vollem Spesenersatz – um eine ehrenamtliche Tätigkeit handle. Es melden sich rund achtzig Frauen und Männer, fünfundzwanzig kommen in die engere Wahl, fünfzehn schließen die Ausbildung ab, darunter Werner Kriesi. Eingeführt wird er von dem Exit-Präsidenten und Präventivmediziner Meinrad Schär, der es schätzt, dass sich mit Werner Kriesi ein weiterer Pfarrer und Seelsorger als Freitodbegleiter zu Verfügung stellt. Auf der im folgenden Jahr stattfindenden Generalversammlung wird Werner Kriesi in den Vorstand und zum Leiter des Teams der Freitodbegleiter gewählt.

Die Spesenpauschale der Freitodbegleiter beträgt anfangs 300 oder 350 Franken, 2016 wird sie auf 630, vielleicht auch auf 700 Franken erhöht, inzwischen beträgt sie 650 Franken. Verlässlich sind diese Angaben nicht, die Informationspolitik von Exit ist hier äußerst zurückhaltend. Wen ich auch frage, niemand kann oder will mir detailliert Auskunft geben.

Ausgezahlt wird diese Pauschale, bevor der Freitodbegleiter Kontakt mit dem Sterbewilligen aufnimmt und somit auch unabhängig davon, was weiterhin passiert. Wie oft sie etwa zur Vorbereitung miteinander sprechen und ob sich dies über Wochen, Monate oder Jahre hinzieht. Doch vor allem: unabhängig davon, wie sich der Hilfesuchende entscheidet. Ein Viertel bis ein Drittel aller Personen, die den Freitod mit Exit vorbereiten, gehen diesen Schritt dann nicht.

Oft hat Werner Kriesi den Vorwurf gehört, dass jeder, der einmal in den Klauen von Exit sei, sich diesen nicht mehr entwinden könne. Und so wird er in unseren Gesprächen nicht müde zu betonen, dass dieser frühe Zeitpunkt der Spesenauszahlung keine Rolle für die Begleiter spiele, sondern gewählt wurde, um damit an Dritte, an die Öffentlichkeit zu kommunizieren: Die Pauschale hat nichts damit zu tun, wie intensiv Beratung und Abklärung sind, nichts damit, ob eine Begleitung in den Tod tatsächlich stattfindet. Die Selbstbestimmung des Sterbewilligen stehe im Mittelpunkt. Die Begleitung habe also niemals das Ziel, dass jemand mit Hilfe von Exit stirbt, sondern dass sie oder er seinen je eigenen Weg findet. Und dazu gehöre auch, dass jeder im letzten Moment das Sterbemittel in den Ausguss schütten und den Freitodbegleiter nach Hause schicken könne.

Auch Werner Kriesi hat eine Menge Kritik abbekommen. Die Konsumentenzeitschrift «Der Beobachter» schreibt etwa 2001 über ihn: «Manchmal führt er die Leute nicht nur in den Tod, sondern besorgt als pensionierter Pfarrer auch gleich noch die Abdankung – und kassiert auf diese Weise doppelt.»[39]

Tragen wir Fakten und Zahlen zusammen. Vom Gründungsjahr 1982 bis heute wuchs die Mitgliederzahl von knapp einhundert auf über 135 000 Mitglieder im Jahr 2020. Bestanden die Vereinsorgane am Anfang nur aus Vorstand und Mitgliederversammlung, so ist Exit inzwischen ein Unternehmen mit rund dreißig festangestellten Mitarbeitenden auf 23 Vollzeitstellen.[40] Zum Team der Freitodbegleiter gehören über vierzig Personen. Es gibt eine Geschäftsstelle in Zürich, ergänzt durch die Büros Bern, Basel und Tessin. Der seit 1999 fünfköpfige Vorstand arbeitet auch operativ und teilt sich die Aufgabenbereiche Präsidium, Kommunikation, Finanzen, Rechtsfragen und Freitodbegleitung. Zu den Kommissionen gehört das Patronatskomitee, die Ethikkommission, die Redaktionskommission sowie die nur der Generalversammlung gegenüber verantwortliche Geschäftsprüfungskommission, die in alle Akten Einblick hat und die Dossiers der Freitodbegleitungen prüft. Die Finanzen werden von einer eidgenössisch lizenzierten Revisionsstelle kontrolliert.

Exit ist eine Non-Profit-Organisation, ein gemeinnützig geführtes und somit nicht gewinnorientiertes Unternehmen. Offenbar wird dies so oft missverstanden, dass im Jahr 2008 der damalige Präsident Hans Wehrli im Mitgliedermagazin «Exit-Info» im Editorial festhalten muss, dass Gemeinnützigkeit nicht bedeute, «dass die Mitarbeiter gratis arbeiten» und keinen «normalen Lohn» erhielten.[41]

Zum zwanzigjährigen Jubiläum 2002 veröffentlicht Exit im Vorfeld der Generalversammlung eine detaillierte Erfolgsrechnung für das zurückliegende Geschäftsjahr mit einem Einnahmenüberschuss von 1046.24 Franken. Die Spesen für die Freitodbegleitung werden mit etwas über 100 000 Franken aufgeführt. Eine Spesenvergütung erhält auch der ehrenamtlich arbeitende Vorstand. Die Ehrenamtlichkeit, so die Geschäftsprüfungskommission, gelte nur für die Teilnahme an den Sitzungen sowie der Generalversammlung, nicht jedoch für Arbeiten, die darüber hinausgehen wie die Betreuung der jeweiligen Ressorts. Auch die mit diesen vertraglich verbundenen Entschädigungen sind detailliert aufgeführt: für den Leiter des Ressorts Freitodbegleitung, Werner Kriesi, 66 744 Franken; für den Leiter Kommunikation, Andreas Blum, 30 000.[42]

Diese ohne Weiteres einsehbaren Informationen beeindrucken den Kommunikationsberater und Schweizer PR-Mann Klaus J. Stöhlker nicht. In einer Diskussion zur «Sterbehilfe im Zwielicht» von «Tele Züri» am 23. Februar 2003 unterstellt er einen zehnmal so großen Betrag:

> «Wenn also unser einstmals bei den Sozialdemokraten so gerühmter Radiodirektor Andreas Blum dort [K. J. Stöhlker meint hier Exit] jetzt den Pressechef macht für 300 000 Franken im Jahr, dann ist er Teil von diesem Sterbegeschäft, und ich bin dagegen, dass man aus dem Sterben ein Geschäft macht.»[43]

Nicht dass Herr Stöhlker gegen Selbstbestimmung beim Freitod wäre, denn er führt großzügig zur Auswahl an: sich vor den Zug werfen, von einem Felsen herunterspringen oder sich selbst erschießen. Aber Sterbehilfe? Nein! Die «Geschäftlimacherei» von Exit halte er für miserabel.

Exit und Andreas Blum gehen vor Gericht, denn Toleranz sei ein ebenso schlechtes Rezept gegen Verleumdung wie das Florett gegen die Dreckschleuder.[44] Doch vor Gericht doppelt der Kommunikationsberater erst mal nach: Exit, so teilt er den Richtern mit, «sei Teil einer Wertschöpfungskette, innerhalb derer man alte Leute entsorgt, um so die sozialen Kosten zu senken».[45]

Das Zürcher Bezirksgericht entscheidet für das Florett und verurteilt Klaus J. Stöhlker wegen übler Nachrede zu einer Geldbuße von 5000 Franken. Exit und Andreas Blum seien vor einem großen Publikum als Personen dargestellt worden, die aus Eigennutz handeln und nicht davor zurückschrecken würden, sich über den ideellen Vereinszweck hinwegzusetzen, um sich am Leben leidender Menschen und auf Kosten der Allgemeinheit zu bereichern.[46]

«Geschäftlimacherei», «Geschäftsmodell Sterben», «Kommerzialisierung», «Todesmarkt», «Sterbeindustrie», «Businessmodell». Wenn Exit in schlechtes Licht gerückt werden soll, dann werden Begriffe aus dem Geschäftsjargon aufgefahren und unterstellt, Exit würde seinen Zweck als Mittel einsetzen. Der Zweck findet sich in den Statuten unter Artikel 2: «Exit setzt sich für das Selbstbestimmungsrecht des Menschen im Leben und im Sterben ein.»[47] Die Mittel sind eine betriebswirtschaftlich solide geführte Organisation mit ausgeglichenen Finanzen.

Wer vom «Geschäftsmodell Sterben» schreibt, der vertauscht die Funktionen: Zweck ist jetzt der finanzielle Gewinn – und das Mittel dazu das assistierte Sterben. Die Umkehrung dessen, was etwa in dem revidierten Statutenentwurf von 2020 am Ende von Art. 2 auf den Punkt gebracht ist: «Gewinn und Kapital des Vereins sind ausschließlich dem vorstehend genannten Zweck gewidmet. Erwerbszwecke sind ausgeschlossen und ein Gewinn wird nicht angestrebt.»

Diese Aussage, unerlässlich für den Status der Gemeinnützigkeit, kann als Reaktion auf Beiträge wie die des Journalisten Matthias Ackeret gelesen werden, 2019 auf swissinfo.ch veröffentlicht, einem Online-Dienst der Schweizerischen Radio- und Fernsehgesellschaft. Unter dem Titel «Die Sterbehilfe ist längst außer Kontrolle», wie alles auf swissinfo.ch in neun weitere Sprachen übersetzt, stellt Matthias Ackeret die rhetorische Frage, «ob die einzelnen Anbieter nicht auch einem unternehmerischen Druck unterliegen» und bei der Vorbeurteilung manchmal ein Auge zudrücken, auch um die ‹Betriebsziele› der Sterbehilfeorganisation zu erreichen».[48]

Sechs Tage später erhält Jürg Wiler, der Kommunikationschef von Exit, die Gelegenheit zu einer Reaktion. Unter dem Titel «Die Zahlen sprechen für die Seriosität der Organisationen» zählt er auf: den Mitgliederbeitrag in der Höhe von 45 Franken jährlich, oder einmalig 1100 Franken auf Lebenszeit. Und als Gegenleistung: kostenlose Dienstleistungen, nach drei Jahren für die Freitodhilfe, ab sofort für die Patientenverfügung und die Beratung im Fall von gesundheitlichen und persönlichen Krisen. Weiterhin unterstütze der Verein mit der eigenen Stiftung palliacura die Palliative Care.[49]

Die Zürcher Sterbehilfeorganisation Dignitas, gegründet 1998 von dem Juristen Ludwig A. Minelli, hilft vornehmlich sterbewilligen Menschen aus dem Ausland. Als 2009 bekannt wird, dass Dignitas einem Sterbewilligen für seinen assistierten Freitod knapp 10 000 Franken in Rechnung gestellt hat, führt dies zu einer Anfrage einiger Kantonsräte an den Zürcher Regierungsrat. Sie sind der Meinung, dass «von finanziellen Interessen» und somit «selbstsüchtigen Beweggründen» ausgegangen werden müsse, weil die Kosten die Aufwendungen für die Administration übersteigen.[50] Der Regierungsrat teilt diese Auffassung nicht. Wenn jemand unternehmerisch handelt, folgt daraus nicht, dass seine Motive selbstsüchtig sind. «Entscheidend ist vielmehr, ob die erhaltenen finanziellen Mittel zur Verfolgung des ideellen Vereinszwecks oder der Befriedigung eigener materieller Bedürfnisse dienen.» Letzteres sei der Fall, wenn Gelder für private Zwecke abgezweigt oder zweckentfremdet eingesetzt würden. Dafür gab es bei Dignitas keine Hinweise.

Exit begleitet nur Menschen mit Schweizer Wohnsitz und hat so etwa keine Aufwendungen für Überführungs- oder Bestattungskosten. 7000 Franken sind bei Exit, Stand 2015, die durchschnittlichen Kosten für eine Begleitung. Wofür diese anfallen, führt Exit in seinem Mitgliedermagazin auf:

«Einige Fälle benötigen viele Besuche und Beratungen, teilweise in entlegenen Bergtälern, eine umfassende Betreuung der Angehörigen, komplizierte Abklärungen, dazu eine Reihe ärztlicher Gutachten, den Einbezug von Heimleitungen, Krankentransporte sowie die allfällige Nutzung eines Exit-Sterbezimmers. Zu erwähnen sind auch die Administration, der Papier- und Behördenaufwand, die Vorbetreuung wie Fallbesprechungen und Zuteilungen sowie natürlich die Nachbetreuung, die Datenaufbereitung, Statistik- und Archivpflichten und anderes mehr.»[51]

Viele Freitodbegleitungen sind nicht so aufwendig, etwa weil der Sterbewillige oder die Angehörigen weniger Beratung brauchen oder die Zusammenstellung der Unterlagen selbst besorgt haben. Exit funktioniert somit wie eine Versicherung: Die Kosten werden nicht von den wenigen allein getragen, welche die Hilfe in Anspruch nehmen, sondern gemeinsam von den vielen, die sie nie in Anspruch nehmen. Die Gemeinschaft finanziert so die Ausnahmen.

Als die Schweizer Bundesrätin und damalige Justizministerin Simonetta Sommaruga im Jahr 2011 darauf angesprochen wurde, ob Mitarbeitende von Sterbehilfeorganisationen unentgeltlich arbeiten sollten, antworte sie, dies sei höchst umstritten. Beihilfe zu Suizid sei eine menschlich, psychologisch und medizinisch anspruchsvolle Tätigkeit. Wenn man verbieten würde, dass jemand für diese Tätigkeit entlohnt werde, könnte es sehr schnell unprofessionell werden.[52]

Wie sieht es nun mit den Freitodbegleitern aus? Die Sprachregelung von Exit ist: Sie erhalten eine Spesenpauschale. Die 630, 650 oder auch 700 Franken allerdings decken die Spesen wohl mehr als genug, vor allem weil jeder – so wird jedenfalls erzählt – noch ein Generalabonnement für die freie Fahrt mit dem öffentlichen Nah- und Fernverkehr zur Verfügung gestellt bekommt. Eine Spesenpauschale, die die effektiven Aufwendungen erheblich übersteigt, gilt als verkappter Lohn.

Ich komme nicht weiter, je mehr ich recherchiere, desto widersprüchlicher werden die Informationen. Es bleibt dabei: Wen ich auch frage, niemand kann oder will mir Auskunft geben.

Anruf bei Exit. Ich spreche mit Jürg Wiler. Der Kommunikationschef meint, dass die Zeit, grad jetzt unter Corona, schlicht nicht reiche für all die Interviewanfragen, für all den Gesprächsbedarf für Zeitungsartikel, Bücher, Filme. Ich solle mich auf der Homepage von Exit informieren. Oder meine Fragen schriftlich stellen.

Ich schreibe: «Wie schon in unserem Telefongespräch bemerkt, würde ich unter anderem gerne mehr Klarheit über den Sprachgebrauch gewinnen, wenn es um die Spesenpauschale für die Freitodbegleiter geht. Im Frühling 2019 wurde Ihre damalige Präsidentin Saskia Frei von den Schweizer Medien, von der Pendlerzeitung bis zur überregionalen Tageszeitung, meist unter dem Titel ‹Exit bezahlt jetzt seine Sterbehelfer› mit dem Satz aus dem Jahresbericht 2018 zitiert, dass im Berichtsjahr ‹neue angemessene und faire Entschädigungen› für Sterbehelfer eingeführt worden seien.[53] Auf Anfrage der ‹Sonntags-Zeitung› hätten Sie nicht sagen wollen, wie hoch diese sind. Meine erste Frage: Warum?

Zu meiner zweiten Frage. Im Mitgliedermagazin ‹Exit-Info› 2/2020 stellt Ihr Kollege Paul-David Porter gekonnt das Zukunftsmodell 2030 von Exit vor. Er hebt hier das für Exit von Anbeginn zentrale Solidaritätsmotiv hervor: Wer andere begleitet, solle dies aus Solidarität tun, solle über sein Engagement frei entscheiden, und er solle damit auch weiterhin nicht seinen Lebensunterhalt bestreiten.[54] Das klingt überzeugend. Und ist insofern geschickt formuliert, als nicht klar wird, womit soll der Freitodbegleiter nun seinen Lebensunterhalt *nicht* bestreiten: mit den *Spesen?* Der *Entschädigung?* Oder dem *Lohn?* Wie nennen Sie es nun und warum?»

Herr Wiler antwortet umgehend:

«1. Es ist unüblich, dass Arbeitgeber die Entschädigung ihrer Mitarbeitenden via Medien öffentlich machen.

2. Freitodbegleiterinnen und -begleiter von Exit erhalten als Entschädigung Lohn und Spesen, wie das im Gesundheitswesen und allen anderen Branchen üblich ist. In der Freitodbegleitung sind jedoch vor allem Personen mit tiefen Teilzeitpensen tätig. Allein damit können sie ihren Lebensunterhalt nicht bestreiten. Es ist aber auch niemand wegen der Bezahlung in der Freitodbegleitung tätig, sondern eben unter anderem aus dem erwähnten Solidaritätsmotiv.»

WERNER KRIESI ERZÄHLT

Simon. Er folgt dem Wunsch seiner Frau

Ich kannte seinen Vater gut, er verlor sein Leben auf einer Tour in den Alpen. Nun ruft mich knapp zwei Jahre später Simon an und bittet um ein vertrauliches Gespräch.

Es ist Frühling und so warm, dass wir im Garten auf der Terrasse in der untergehenden Sonne sitzen können, Simon, seine Frau und ich. «Nur zur Orientierung», so meint er gleich zu Beginn, «ans Sterben denke ich nicht.» Simon hat Krebs, Pankreaskrebs. Eine der aggressivsten Tumorformen, mit zu Beginn milden und unspezifischen Symptomen. Meist zu spät entdeckt, hat der Patient dann nur noch äußerst geringe Heilungschancen. So auch bei Simon. Doch darüber spricht er nicht.

Während wir selbst gemachten Süßmost trinken, erzählt er von der Methode des «Positiven Denkens», die im Zentrum seiner Arbeit als Coach und Unternehmensberater steht. Beispiel um Beispiel führt er an, wie diese Methode bei seinen Kunden in den unterschiedlichsten Situationen alles zum Guten gewendet habe. Auch zur Heilung seines Krebses werde sie beitragen, so versichert er mir beim Abschied. Sein Ton ist ausgesprochen geschäftsmäßig. Spröde.

Den ganzen Sommer über höre ich nichts mehr von ihm. Dann, es sind die ersten Herbsttage, ruft er wieder an. Der Krebs ist metastasiert. Alle Operationen, die Chemo-, die Strahlentherapie haben ihn nicht aufhalten können. Simon wirkt ruhig, als er mir die zwei entscheidenden Sätze sagt: Er wisse nun, dass er bald sterben werde. Doch in der verbleibenden Zeit wolle er noch jeden verbleibenden Moment mit seiner Frau genießen.

Wieder sitzen wir drei auf der Terrasse, auf dem Tisch steht ein üppiger, farbiger Strauß mit Blumen aus dem Garten, Chrysanthemen, Dahlien, Astern. Ich bin überrascht, wie entspannt Simon wirkt. Nicht mehr so kühl wie beim ersten Treffen, doch weiterhin spüre ich kaum Emotionen. Die Schicksalsfragen, mit denen ich bei Schwerkranken so oft konfrontiert bin: Warum gerade ich? Was habe ich falsch gemacht? Womit habe ich das verdient?, schwingen bei unseren Gesprächen nicht mit. Ich denke an die Phasen des Sterbeprozesses, die Elisabeth Kübler-Ross bei schwer erkrankten Menschen beschrieben hat, bis sie bejahen können, dass es keine Rettung mehr gibt. Simon scheint sie alle übersprungen zu haben: die Phase des Widerstands, die des Trotzes, des Zorns, der Auflehnung und schließlich der Depression. Simon klagt nicht, dass er um die Hälfte seines Lebens betrogen wird, kein Wort der Bitternis, keine Schwermut. Stattdessen Dankbarkeit. Über das Glück während seiner Kindheit und Jugend, sein liberales Elternhaus, seine Erfüllung im Beruf. Und über die Tiefe der Beziehung zu seiner Frau. Während ich bei hochaltrigen Menschen, die sich auf ihr Sterben vorbereiten, die Gelassenheit nachvollziehen kann, fällt es mir bei Simon schwer.

Ich besuche die beiden nun regelmäßig, wir bereiten alles für die Freitodbegleitung vor, der Hausarzt bestätigt Simons Urteilsfähigkeit, die Onkologin stellt das Rezept für das Sterbemittel aus. Jetzt, wo Simon immer elender wird und der Zeitpunkt seines Todes näher rückt, spüre ich, wie sehr seine Ehefrau hin- und hergerissen ist. Wenn sie ihre Vernunft walten lasse, sagt sie, dann wäre klar, dass die Entscheidung für ein Sterben mit Exit richtig sei. Doch sie hoffe inständig, er könne ohne die Hilfe von Exit gehen. Immer klarer tritt zutage: Ihr ist die Vorstellung unerträglich, dass nach dem Tod ihres Mannes fremde Menschen eintreffen, die Polizei, der Amtsarzt, die Staatsanwaltschaft. Und dies unter den Augen der gesamten Nachbarschaft.

Dies erlebe ich nicht zum ersten Mal. Viele haben nach wie vor Hemmungen, sich nach dem begleiteten Freitod eines Angehörigen gegenüber der Mitwelt zu öffnen. Die oft mühsamen und sogar peinlichen Versteckspiele belasten die Betreffenden.

Schließlich entscheiden sich die beiden für die palliative Sedierung durch die ambulante Onkologiepflege, bei der die Schmerz- und Beruhigungsmittel immer höher dosiert werden, bis der Sterbende nicht mehr zu Bewusstsein kommt und in einen Tiefschlaf fällt, aus dem er nicht mehr erwacht. Seltsamerweise fahren Polizei und Staatsanwaltschaft nach einer in der eigenen Wohnung durchgeführten Sedierung nicht vor!

Simon ist inzwischen zu schwach, und seine Frau führt alle Gespräche mit den Mitarbeitenden der Onko-Spitex, die ihn täglich pflegen. Doch es zieht sich hin. Bei meinem letzten Besuch an einem frühen Abend – der erste Schnee ist gefallen – öffnen wir eine Flasche Wein, den die beiden aus einem Urlaub mitgebracht haben. Alles, was Simon sagt, wie er sich verhält, wirkt so federleicht. Von seiner Sprödigkeit und Kühle zu Beginn unserer Treffen ist nun nichts mehr zu spüren. Über manche Anekdote müssen wir herzlich lachen. Er erzählt, dass seine Familie und er mit Religion nichts am Hut gehabt hätten. «Ob es ein Weiterleben nach dem Tode gibt, ist für mich keine Gedanken wert. Wenn es so etwas gäbe wie das Jüngste Gericht – was ich nicht annehme, aber wenn –, dann würde ich mich als Ge-

sprächspartner auf Augenhöhe mit Gott verstehen. Und ganz gewiss nicht als gebeugter Sünder.»

Ab diesem Abend telefoniere ich täglich mit dem Ehepaar. Die Situation wird immer belastender. Opiate können Simons Schmerzen nicht mehr mildern. Für beide ist sein Zustand sehr quälend. Doch die behandelnden Ärzte und Pflegefachleute der Onko-Spitex zögern mit der terminalen Sedierung.

Freitodhilfe und Palliativpflege

«Terminale Sedierung.» Herr Kriesi, Sie verwenden da einen für mich auf den ersten Blick überraschenden Begriff. Weist er nicht auf den Umstand hin, dass der Patient mit Absicht so tief sediert wird, dass er nicht mehr erwacht? Damit ist die terminale eine letale Sedierung – und im Übergangsbereich zur aktiven Sterbehilfe.

Auf die Handlung, auf die Konsequenz geschaut, gibt es keinen Unterschied, ob man von palliativer, terminaler oder auch letaler Sedierung spricht, wie Sie es nennen. Der Begriff palliative Sedierung wird von den Medizinern bevorzugt, die den therapeutischen Aspekt betonen wollen, von Medizinern also, die sich darauf konzentrieren, Symptome zu lindern. Bei der Bezeichnung terminale Sedierung wird hervorgehoben, dass man dem Wunsch des Patienten entspricht, im Schlaf schmerz- und angstfrei zu sterben.

Wenn es der Wunsch des Patienten ist, dann ist es doch die vom Schweizer Gesetzgeber verbotene Tötung auf Verlangen.

Das hängt von der Prognose ab. Wenn davon ausgegangen werden kann, dass der Patient noch weitere Lebenstage oder -wochen gehabt hätte, die durch die terminale Sedierung abgekürzt werden, dann liegt hier tatsächlich der Übergang zur verbotenen Sterbehilfe. Dann ist es Hilfe zum Sterben – und nicht Hilfe beim Sterben.

Ist diese mögliche Lebensverkürzung ein Grund, warum bei Simon mit der Sedierung so lange gewartet wurde?

Ja, ich denke, die Angst, etwas Verbotenes zu tun, ist häufig ein entscheidender Grund. Auch bei Simon. Es ist die Angst vor dem Staatsanwalt und den untersuchenden Behörden. Dabei war Simons Wunsch so deutlich, so immer wieder geäußert, so dringend. Und doch ließen sie ihn warten und leiden. Zur terminalen Sedierung sind die Ärzte für gewöhnlich erst dann bereit, wenn der Tod sehr nah ist. Simons Entscheidung gegen den assistierten Freitod durch Exit hat ihn von der Onko-Spitex abhängig gemacht. Ich konnte somit dabei nicht helfen, was zum Aufgabenkern von Exit gehört: das Sterbeleiden verkürzen.

Kann ich es so zusammenfassen: Bei einem assistierten Freitod entscheidet der Patient, wann für ihn der richtige Zeitpunkt gekommen ist. Bei der terminalen Sedierung entscheidet der Arzt, dem durch die Gesetzgebung, durch die Standesregeln, Tradition und Kultur der Institution, in der er arbeitet, enge Grenzen gesetzt sind.

So ist es. Vor einigen Jahren betreute ich eine 72-jährige Frau mit einem Lungenkarzinom. Sie weigerte sich, auf die Palliativstation zu gehen, und hatte nur einen Wunsch: so schnell wie möglich mit Exit zu sterben. Ihr Familie stand hinter ihrem Entschluss, und so trafen wir zusammen alle Vorbereitungen. Doch dann erlitt sie einen solch dramatischen Zusammenbruch, dass ihre Angehörigen sie nicht länger zu Hause betreuen konnten und sie in eine Palliativstation brachten. Dort sollten die Tage in ärztlich und pflegerisch bester Betreuung überbrückt werden, bis die Vorbereitungen für die Freitodhilfe abgeschlossen sein würden und sie entlassen werden könnte, um daheim mit Exit zu sterben.

Doch warum dieser Umstand? Warum keine terminale Sedie-

rung? Uns allen, der Patientin, ihrer Familie, den betreuenden Ärzten und mir, erschien dies nicht verhältnismäßig. Und auch die verantwortliche Ärztin der Palliativstation stimmte zu. Doch gleichzeitig machte sie uns klar, dass nach der Philosophie ihres Hauses die Bedingung für eine terminale Sedierung nicht gegeben wäre, da die Patientin noch nicht in der Endphase des Sterbens läge. So gerne sie auch helfen würde, sie könne nicht – sozusagen in Vertretung von Exit – Sterbehilfe leisten. Sie lud die Familie der Patientin zum Gespräch ein. Die Antwort der Patientin war klar: Sie wolle lieber den vorbereiteten Freitod mit Exit beanspruchen, als mit palliativer Hilfe zu sterben, da dieser Weg sich zu sehr ausdehnen könne, sie zu sehr in Abhängigkeit von der Palliativmedizin gerate. Ich schätze den grundsätzlichen Goodwill der zuständigen Ärztinnen und Ärzte und bedaure zugleich, dass diese, wenn es um die terminale Sedierung geht, engen Bestimmungen unterworfen sind.

Zeigt nicht allein die Verwendung des Begriffs «terminale Sedierung», wie sehr sich die Haltung auch der Ärztinnen und Ärzte geändert hat? Dass es auch in der Medizin inzwischen nicht mehr unter allen Umständen um die Verlängerung des Lebens geht? Der Fall Haemmerli vor bald fünfzig Jahren, die Gründung von Exit, die Etablierung der Patientenverfügung: All dies deutet doch darauf hin, dass wir eine andere, freiere Haltung zum Sterben entwickeln und mehr und mehr akzeptieren, dass jeder über seinen Tod selbst verfügen darf und Hilfe erhalten soll, braucht er eine solche zum Sterben.

Ich stimme Ihnen zu, da ist viel passiert. Aber Sie unterschätzen, wie sehr weiterhin Palliativpflege und assistierter Freitod als Gegensätze gesehen werden. Das liegt auch an dem Selbstver-

ständnis der Palliativpflege. Wenn die Palliativpflege von Lebensqualität bis zum Ende spricht, dann halte ich das für eine übertriebene, unrealistische Zielsetzung. Denn auch die beste Palliativpflege kann das nicht garantieren. Es stimmt nicht, dass die Palliativpflege in allen Fällen so gut sein kann, dass sich der Freitod erübrigt. Andelka, Martha, Judith und Simon haben ja gezeigt, wie selbst höchstqualifizierte palliative Pflege an ihre Grenze stößt.

Ich denke, dass alles, was den Leidensweg eines Menschen erleichtert, einen palliativen Charakter hat. Die Auseinandersetzung mit dem Freitod, seine Vorbereitung beruhigt. Es öffnet sich eine Tür, durch die Sie gehen können, aber nicht müssen. Andelka und Martha gingen diesen Weg, Judith und Simon einen je anderen. Auf diese Weise greifen Freitodhilfe und Palliativpflege ineinander, denn beides dient nicht der Heilung, sondern hilft dem Leidenden. Am treffendsten hat es der bekannte Palliativmediziner Michael de Ridder formuliert: «Beide Weisen ärztlicher und pflegerischer Hilfeleistung am Lebensende verhalten sich nicht antagonistisch, sondern (letztlich) komplementär zueinander: Ärztliche Suizidbeihilfe kann zu einer äußersten Maßnahme palliativer Medizin werden. Unter Umständen ist sie (...) nicht nur gerechtfertigt, sondern sogar geboten.»[55]

Epikur: Nichts wird hier mehr verehrt als das Glück

Inzwischen ist es Mitte Juli. Werner Kriesi ist die zwölf Kilometer mit dem Velo gekommen. Einem schicken roten Rennvelo. Ich kann es mit nur zwei gestreckten Fingern an der Querstange des Rahmens hochheben. Für mein daneben parkiertes Stadtvelo muss ich fest zugreifen und brauche beide Hände. Ich bin ein wenig neidisch. Wir fachsimpeln über Ritzel und Bremsen. Von seinem Wohnort aus zu uns brauche er nur den mittleren Gang vorne, schalte mit den Ritzeln, so sei er fix da. Ich erzähle, dass ich bei meinen Ausflügen auf dem Velo ständig – wusch, wusch, wusch – von einem Velofahrer nach dem anderen überholt werde. Zuvorkommend meint Werner Kriesi, es läge gewiss an meinem Velo. Ich könne gerne seines testen. Ein wenig umständlich fädele ich meine Füße – es ist ein heißer Tag und ich barfuß – in die stachligen Pedalen. Dann fahre ich die Quartierstraße runter – ziemlich unbequeme Haltung mit diesem tiefliegenden Lenker! –, beschleunige, doch schon ist dort die Kreuzung, und ich drehe bei zu hoher Geschwindigkeit eine so enge U-Kurve, dass ich ins Kippeln komme, mich grad noch fange und wieder beschleunigend in der Mitte der Straße zurückradele. Werner Kriesi blickt mir wohlwollend entgegen, wie einem Kind, das das erste Mal ohne Stützräder fährt. Eines ist sicher: Schuhe wären von Vorteil gewesen. Eine angepasste Sattelhöhe ebenfalls.

Werner Kriesi nimmt sein Velo in Empfang und stellt es ab. Noch während wir die Treppen hochsteigen und ich die

Wohnungstür aufschließe, macht er seinem Ärger über die kirchliche Seelsorge Luft.

Wenn das Gehirn von dogmatischen Vorstellungen überflutet ist – wir haben dies bei der Seelsorge in gewissen kirchlichen Kreisen diskutiert –, dann zerstört das die Sensibilität gegenüber dem Leiden. Dann wird man blind gegenüber der Tatsache, wie wichtig Glück und Wohlergehen sind.

Werner Kriesi stellt seinen Rucksack auf den Küchentisch, holt sein Notizbüchlein hervor und sagt:

Hier, hören Sie sich mal an, was die Kirche schreibt: «Ein tiefer religiöser Sinn kann dem Patienten ermöglichen, Schmerz als besonderes Opfer für Gott im Hinblick auf die Erlösung zu erleben.»[56]

Das Zitat ist aus dem vatikanischen Schreiben von 2020, auf das wir in unseren Diskussionen immer mal wieder zurückkommen und das Werner Kriesi wegen der radikalen Lebensferne, die hier zum Ausdruck komme, entsetzt. Er hat ein weiteres Zitat notiert:

«Heiligtümer von Schmerz, der mit einer Sinnfülle erlebt wird»: So werden Hospize für Todkranke beschrieben!

Er klappt das Notizbüchlein zu, steckt es in den Rucksack und hält, noch im Stehen, eine kleine Rede:

In diesem vatikanischen Schreiben erfährt die Spiritualisierung des Leidens einen Höhepunkt. Sie ist dogmatisch, lebensfern. Diese Spiritualisierung, diese Mystifizierung hat dazu geführt, dass sich die Kirche für das konkrete Leiden desensibilisiert hat.

Nur so lässt sich die Verdammung der Sterbehilfe erklären, die aus christlicher Barmherzigkeit geboten ist. «Selig sind die Barmherzigen» steht in der Bergpredigt. Hans Wehrli, alt Stadtrat und ehemaliger Präsident der Exit-Ethikkommission, drückte es so aus: «Verweigerte Sterbehilfe ist Menschenquälerei.»

Die Kirche, wir Pfarrer, sind der Seelsorge verpflichtet – da können wir uns doch nicht einem leidenden Menschen entziehen, der um seelsorgerischen Beistand bittet, wenn er sein Leben mit einer Sterbehilfeorganisation beenden will! Es stimmt einfach nicht, wenn behauptet wird, der Glaube helfe über jedes Leid hinweg. Für manche Menschen mag das gelten, doch für viele andere nicht. Gemessen am Leiden unzähliger Menschen entsetzt mich diese Hartherzigkeit des Vatikans. Abgeschottet vom wirklichen Leiden der Menschen, weit entfernt von der gelebten Realität, verblendet von theologischen Prinzipien, versteigt er sich zu solch lebensfernen Aussagen. Hier zeigt es sich wieder: Glaub niemandem, der vom Schreibtisch aus philosophiert.

Wie oft muss ich auch jetzt noch an das Gemeindemitglied denken, das mich bat, bei seinem Freitod dabei zu sein. «Wenn Sie kein Feigling sind, Herr Pfarrer …» Das hat mich aufgerüttelt. Sein Schicksal bewegte mich tief, und ich wäre in einen Gewissenskonflikt geraten, hätte ich meine seelsorgerische Hilfe verweigert. Meinen Beistand verstand ich nicht als vorbildliche Tat, sondern als seelsorgerische Pflicht, wissend, dass dies mit der Unterstützung eines Suizids aus Affekt nichts zu tun hat, sondern eine moralisch vertretbare und gesetzlich akzeptierte Form der Sterbehilfe darstellt.

Wie anders ist da die Position der Philosophen der vorchrist-

lichen Zeit. Der Epikureer etwa. Epikur hat die Freude am Dasein, auch den Genuss betont und gerade daher auch eine so viel freiere, lebensnähere Haltung zum Leiden und zum Tod, auch zum Freitod, entwickelt. Er ging noch weiter und predigte, es gäbe keine Götter, die sich um die Taten der Menschen kümmern würden. Ich denke, Auschwitz und so viel anderes Grässliches, was Menschen getan habe, könnten ihm recht geben. Wollten Sie nicht ein Kapitel über ihn einbauen?

Es ist schon geschrieben. Apropos Genuss: Ich koche uns erst mal einen Kaffee, dann lese ich es Ihnen auf der Terrasse vor.

Dem Tode nahe, schreibt Epikur, wohl im Jahre 270 v. Chr., an seinen Freund Idomeneus: «An diesem glücklichen und zugleich letzten Tag meines Lebens möchte ich Dir noch schreiben. Meine ständigen, durch Harnzwang und Ruhr bedingten Schmerzen könnten kaum noch schlimmer werden. Doch all dem steht die Freude entgegen, mit der sich meine Seele unserer Gespräche erinnert.»[57]

Epikur stammt von der Insel Samos und kommt wegen des Militärdienstes erstmals nach Athen, an den Ort, an dem erst Platon seine Akademie und später dessen Schüler Aristoteles das Lyzeum gegründet hatte. Epikur ist am Beginn seiner Dreißiger, als er 310 v. Chr. in Athen einen Garten kauft. Eine Inschrift über dem Eingang soll jeden Eintretenden mit den Worten begrüßt haben: *Nichts wird hier mehr verehrt als das Glück.* An diesem Ort sammeln sich zahlreiche Schüler, unter denen sich, ungewöhnlich für diese Zeit, auch Frauen befinden. Sie lernen und diskutieren nicht nur die Philosophie ihres Lehrers, sondern sie leben auch nach ihr, finanziert von Mäzenen. Eine antike Kommune.

Epikur schreibt viel, etwa ein 37-bändiges Werk «Über die Natur», von dem nur Bruchstücke überliefert sind. Zusätzlich verfasst er Lehrbriefe und verdichtet die wichtigsten Inhalte zu Lehrsätzen. Auch hier sind die Überlieferungen spärlich. Als im Jahre 79 der Vesuv eine Privatbibliothek in der antiken Stadt Herculaneum in Schutt und Asche legt, konserviert der Vulkan fast zweitausend Papyri. Die beschädigten und verkohlten Schriftenrollen sind inzwischen geborgen, entziffern ließ sich unter anderem bisher Epikurs «vierfache Medizin»:

«Gott braucht man nicht zu fürchten.

Der Tod ist ohne Empfindung.

Das Gute ist leicht zu beschaffen.

Das Schreckliche ist leicht zu ertragen.»

Gott braucht man nicht zu fürchten. Dass es die Götter gibt, unvergänglich und selig, ist für Epikur keine Frage. Doch da Götter Götter sind, sei es ein Fehler, ihnen menschliche Eigenschaften zu unterstellen und zu glauben, wir könnten durch unser Verhalten ihr Wohlwollen oder ihren Zorn erregen. Im Gegenteil. Götter lassen uns Menschen Menschen sein, sie kümmern sich nicht um uns. Warum sollten wir sie fürchten? Warum sollten wir glauben, sie würden uns mit Qualen nach unserem Tod für die ihnen nicht genehmen Taten bestrafen? Auf solche Weise versucht Epikur den Menschen seiner Zeit die Angst vor dem Tod zu nehmen. Doch er hat noch ein weiteres Argument gegen die Furcht vor dem Tod parat.

Der Tod ist ohne Empfindung. Warum? Epikur ist Atomist und glaubt, dass auch die Seele aus Atomen bestehe, sehr feinen, sehr beweglichen, aber eben doch Atomen. Sie ist somit aus demselben Stoff wie der Körper. Zerfällt dieser nach dem Tod, dann zerfällt auch die Seele. Und da die Seele auch das Organ ist, mit dem wir fühlen, das Gute wie das Schlechte, das Lustvolle wie das Leidvolle, zerfällt somit auch dieses Fühlen. Und so kann Epikur schreiben: «Der Tod hat keine Bedeutung für uns. Denn was sich aufgelöst hat, hat keine Empfindung, was aber keine Empfindung hat, hat keinerlei Bedeutung ...»

Das Gute ist leicht zu beschaffen. Schmerz, so meint Epikur, ist das Schlimmste, was uns passieren kann. Sind wir schmerzfrei, dann sind wir auch nicht betrübt und leben ein lustvolles Leben. Lust versteht er als die Abwesenheit von Schmerz. Lust braucht daher nicht etwas Zusätzliches, was zu dieser Abwesenheit, zu der Schmerzfreiheit noch hinzukommen muss. Deshalb ist Epikur der Meinung, das Gute sei leicht zu beschaffen. Wir müssen nur aufhören, daran festzuhalten, dass noch dieses oder jenes Extra nötig sei und dann – endlich! – würden sich Lust und das Glück schon einstellen. Nein, so ist sei es nicht. Denn Lust und das Glück sind schon ohne diese Extras vorhanden. «Es bedarf keiner Dinge», so drückt es Epikur aus, «die Kämpfe mit sich bringen.» Wie etwa eine außerordentliche Leistung, eine Tat, die über unseren Tod hinausreicht und uns auf den Sockel der Erinnerungskultur hebt. Denn was ist, wenn es dann dasteht, dieses Denkmal aus Stein oder Metall, das irgendwann zerbröckelt oder verrostet? Nach dem Tod haben wir nichts von unseren dokumentierten Leistungen, selbst wenn das Denkmal nicht von der Zeit angenagt werden würde. Denn unsere Seele, die fühlende, existiert nicht mehr. Und als sie noch existierte, da brachten die Verbissenheit, all die Kämpfe um die vermeintliche Unsterblichkeit nur Ärger und Übellaunigkeit und vermasselten uns die Gelassenheit, die uns das Leben zum Genuss machen kann.

Das Schreckliche ist leicht zu ertragen. Damit meint Epikur: Das Schreckliche, das Schmerzliche, ist oft kurz, jedenfalls kürzer als erwartet. Und irgendwann geht es vorbei, und wir erhalten die Seelenruhe, die Lust und das Glück zurück. Und wenn es andauert, dann hilft die Erinnerung an alles, was uns Gutes widerfahren ist, wie etwa die Erinnerung an Menschen, mit denen wir glücklich zusammen waren. Und so bleibt Epikur auch kurz vor seinem Tod, trotz starker Schmerzen gelassen, denn «all dem steht die Freude entgegen, mit der sich meine Seele unserer Gespräche erinnert».

Epikur hat seinem Leben selbst kein Ende gesetzt, doch verurteilt er den Sterbewunsch und den Freitod am Ende des Lebens nicht. Denn so wie der Weise nicht unbedingt die größte Speise wähle, sondern die schmackhafteste, so genieße er auch nicht die längste Lebenszeit, sondern die angenehmste. Den Christen gefiel das nicht. Rund sechshundert Jahre später wird der Kirchenvater Augustinus gegen die «Versautheit der Epikureer» – so seine Wortwahl in einer Predigt[58] – vom Leder ziehen und das Verbot des Freitodes aussprechen: *Auch wer sich selbst tötet, der ist ein Mörder.*

Als Werner Kriesi startklar für den Heimweg in den Pedalen hängt, Klammern halten die Hosenbeine zusammen, betrachte ich kritisch sein Käppi. Durchaus fesch, doch bestenfalls den Aufprall von Mücken abfedernd. Er stellt die Füße wieder auf den Boden. «Wenn dann ein Unfall passiert», sagt er in Zustimmung erheischendem Ton, «dann meinen wieder alle, es läge an meinem Alter!» Meine Wohlerzogenheit lässt mich höflich schweigen. Doch nicht länger als einen Moment. Dann denke ich an den «Sprachwasch» und daran, dass er ja nicht nur alt, sondern bald uralt ist. Schon fährt Werner Kriesi an. Ich sage rasch: «Na, Sie werden jetzt doch wohl nicht behaupten, Sie seien eine Ausnahme und Ihre Leistung und Reaktionsbereitschaft hätte nicht nachgelassen!» Einen Moment blickt er mich an, wie es wohl nur Pfarrer können, die gewohnt sind, dass unwidersprochen bleibt, was sie von den Kanzeln predigen. Dann sagte er: «So flink wie vor dreißig Jahren bin ich nicht mehr.» Und schon radelt er die Langstraße hinunter.

WERNER KRIESI ERZÄHLT

C. Sanders. Ein Professor, der sich selbst verliert

Ich treffe Herrn Sanders zusammen mit seiner Ehefrau. Die tief stehende, winterliche Mittagssonne taucht die Wohnstube, die gegen Westen liegt, in außergewöhnlich helles Licht. Ohne große Einleitung kommt er zur Sache.

Einst bekleidete er die Stellung eines Direktors eines Instituts für Nuklearforschung im Ausland, seine Arbeit wurde mit zahlreichen internationalen Auszeichnungen gewürdigt. Doch jetzt, rund fünfzehn Jahre nach seiner Pensionierung, ist sein lebenslang erarbeitetes Wissen, das er in unzähligen Publikationen und Vorträgen weitergegeben hatte, aus seinem Kopf wie gelöscht. «Mein Kopf ist leer, leer wie ein unbeschriebenes Blatt Papier.» Er vergisst nach wenigen Minuten, was er nicht sofort aufschreibt. Auch meinen Namen kann er nicht mehr im Kopf behalten. Die Diagnose lautet Demenz als Folge einer Durchblutungsstörung im Gehirn. Er erlebt nun schon das dritte Jahr, wie sein Gedächtnis schwindet, und kann nicht begreifen, dass seine Krankheit sich erst in einem frühen Stadium befinden soll. Was soll erst die Zukunft bringen?

Herr Sanders' Eltern waren Mitglieder einer religiös-apokalyptischen Sekte. Gott war eine drohende, strafende Macht samt dem ganzen archaischen Arsenal von Weltuntergang, Gottesgericht, Himmel, Hölle und ewiger Verdammnis. Als Erwachsener nahm Herr Sanders zwar Abstand von dieser Prägung. Er bekenne sich, so sagt er mir, zum Atheismus. Doch die Furcht vor Gottes Zorn, nähme er die Freitodbegleitung in Anspruch, treibe ihn weiter um. Er fühle wieder wie damals als Kind.

Als Antwort zitiere ich Passagen aus einem Werk des Philosophen Peter Sloterdijk, der sich in seinem Buch «Zorn und Zeit» mit der uralten Vorstellung auseinandersetzt, ein zorniger Gott bestrafe die Menschen für ihr Tun. Ich lese eine Stelle vor: «In dem Maß, wie Christen das ihnen auferlegte Zorn- und Racheverbot verinnerlichen, entwickelt sich bei ihnen ein leidenschaftliches Interesse an der Zornfähigkeit Gottes. Sie sehen ein, dass das Zürnen ein Privileg ist, auf das sie zugunsten des Alleinzürnenden verzichteten.» Gerne würde Herr Sanders das Buch lesen. Doch er vergäße jeden Satz, kaum habe er ihn gelesen. Zusammenhänge könne er nicht mehr begreifen.

Herr Sanders drückt sich noch immer differenziert aus. Unser offenes Gespräch über das Dogma des strafenden Gottes empfindet er als Wohltat und bedauert, nicht schon viel früher mit anderen über diese Thematik gesprochen zu haben. «Wenn ich meine jetzige Lebenssituation nüchtern betrachte, hat mein Sterben bereits eingesetzt. Wenn ich daran denke, was ich in meinem Leben geistig erarbeitet habe und was an Wissen noch übrig geblieben ist, versinke ich in tiefer Niedergeschlagenheit. Meine akademischen Kenntnisse sind ausgelöscht, als wären sie nie da gewesen. Ist es nicht eine Frage der Vernunft, nicht so lange zu warten, bis die Demenz meine Persönlichkeit völlig zerstört hat?»

Zwischen ihm und seiner Frau entsteht eine Diskussion, wie dringlich die Freitodbegleitung ist. Herr Sanders möchte möglichst schnell sterben. Seine Frau versucht, ihn zu ermutigen, möglichst lange zuzuwarten. Wie er ist sie achtzig Jahre alt, jedoch in guter geistiger Verfassung. Ich mache das Ehepaar darauf aufmerksam, dass mit fortschreitender Demenz die Entschlusskraft in einem schleichenden Prozess erlischt. Herr Sanders wird eines Tages nicht mehr wollen können, was er jetzt noch will.

Als ich ihn nach nur wenigen Wochen ein weiteres Mal besuche, ist er sehr unruhig. Er sagt, er könne die geistige Leere nicht mehr aushalten. Er wolle seinem Leben so rasch wie möglich ein Ende setzen. Wieder versucht seine Ehefrau, dies abzuschwächen. Nach einem langen Gespräch verspreche ich, mich regelmäßig zu melden und das Ehepaar dabei zu unterstützen, einen Zeitpunkt für den Freitod zu finden, der möglichst weit in der Zukunft liegt, jedoch nicht so weit, dass Herrn Sanders' Wille nicht mehr ausreicht, seinem Leben selbst ein Ende zu setzen. Als ich gehe, hat sich Herr Sanders beruhigt. Er sei erleichtert, dass er nun die nötige Unterstützung habe, um sein Leben zur rechten Zeit selbst zu beenden.

Als der Zeitpunkt des vereinbarten Sterbedatums gekommen ist, ruft mich am Abend zuvor Frau Sanders an. «Herr Pfarrer, wir sind in einer verzweifelten Situation. Die Kinder sind da, und ich habe meinem Mann gesagt: ‹Am letzten Abend deines Lebens spielen wir noch ein Spiel.› Da ist er aufgeschossen, wie von Sinnen, und hat geschrien: ‹Ihr habt mein Sterben programmiert, ihr wollt mich morgen in den Tod schicken.› Ich versuche, sie zu beruhigen, und schlage vor, nicht weiter zu diskutieren, sondern ins Bett zu gehen. Wenn ich dann am Vormittag käme, würden wir weitersehen.

Als ich am nächsten Tag eintreffe, begrüßt mich Herr Sanders ruhig und freundlich an der Tür. Er ist ganz klar, und wir gehen ins Wohnzimmer, wo die Familie versammelt ist.

Demenz. Wenn auch der Wille schwindet

Es wäre besser, Frau Renninger, wenn wir die letzten beiden Absätze zu Herrn Sanders streichen.

Warum?

Weil sie missverstanden werden. Weil sie die Fronten nur noch mehr verhärten. Sie werden so gelesen werden, dass sie genau das bestätigen, was die Kritiker unterstellen: dass Demenzkranke nicht wissen, was sie tun. Dass die Angehörigen sie in den Tod drängen.

Gerade deshalb ist es wichtig, dass wir das Erlebnis bis zum Ende erzählen. Mit allen Widersprüchen, Ambivalenzen, offenen Fragen. So wie wir es uns für das gesamte Buch vorgenommen und bis jetzt auch eingehalten haben. Sie haben Begegnungen mit Sterbewilligen für dieses Buch ausgewählt, die Sie zum Teil seit vielen Jahren beschäftigen – und nicht die, die ein möglichst ideales und somit auch wirklichkeitsfernes Bild abgeben. Wie soll das erst werden, wenn wir über den Sterbewunsch junger Menschen mit Tetraplegie berichten oder dem psychisch Kranker? Auch da möchte ich nichts beschönigen oder glätten, auch da möchte ich nichts weglassen.

Es ist riskant. Es soll nicht so wirken, dass wir Exit mit diesem Buch an den Karren fahren.

Es soll auch nicht so wirken, als ob wir uns vom Leben entfernten.

Was sagt der Verleger dazu?

Wir werden sehen. Dies ist kein Auftragsbuch von Exit, es kommt kein Geld von Exit. Es ist auch kein Auftragsbuch des Verlags. Niemand schreibt uns etwas vor.

Will überhaupt jemand von so einem alten Siech wie mir lesen? Ich bin doch in meinem hohen Alter aus der Zeit gefallen.

Von mir aus sind Sie ein alter Siech, auch wenn ich es anders nennen würde – hatten wir uns nicht kürzlich auf *sehr alten Mann* geeinigt? –, aber grad deswegen haben Sie viel zu erzählen. Ich will es wissen, kann aus Ihren Erfahrungen lernen. Und der eine oder andere wohl auch, der dieses Buch in die Hand nehmen wird.

Peinlich, eitel. Ein Typ in meinem Alter schreibt ein Buch über sich.

Nein, ich schreibe ein Buch über Sie und über das, was Sie erlebt haben. Ein Buch, in dem wir Ihre Erfahrungen diskutieren und das ich zu verantworten habe. Außerdem, wie glaubwürdig wäre das Buch, wenn ich hier nur brav protokollieren würde, womit alle schon einverstanden sind? Abgesehen davon: Ich bin weiterhin der Meinung, dass Sie mehr aus Ihrem Leben preisgeben sollten.

Das ist nicht von Interesse, das tut nichts zur Sache.

Es ist entscheidend. Wir schreiben kein Buch, in dem wir abgesicherte Erkenntnisse, ewige Weisheiten, allgemeine Wahrheiten vorstellen. Wir schreiben kein Buch, in dem wir abstrakt bleiben oder in dem wir auf Objektivität pochen. Es ist ein zutiefst subjektives, dem gelebten Leben geschuldetes und verpflichtetes Buch. Sie erzählen, wie Sie die Sterbewilligen wahrgenommen haben, berichten von den Begleitungen, von den öffentlichen Diskussionen, in die Sie hineingezogen wurden, von den gesellschaftlichen Veränderungen, die Sie erlebt und mitgestaltet haben. So wie ich bei jeder einzelnen Person, von der Sie erzählen, zu begreifen beginne, warum sie mit der Hilfe von Exit zu sterben wünscht, so möchte ich auch gerne begreifen, warum Sie die Aufgabe des Freitodbegleiters nun schon während mehr als zwei Jahrzehnten ausüben. Leicht fiel und fällt es Ihnen ja nicht. Auch darüber sollten wir schreiben. Doch für heute: Lassen Sie uns zum Abschluss noch auf eine der kritischsten Fragen bei der Begleitung dementer Patienten zurückkommen: den richtigen Zeitpunkt.

Das trostlose Sterben von Walter Jens, dem großen deutschen Rhetor, ist ein Beispiel. Die Berichte seines Freundes, des Theologen Hans Küng, haben mich sehr beschäftigt. Beide hielten früher zusammen Vorlesungen und publizierten zusammen das Buch «Menschenwürdig sterben», in dem sie für aktive Sterbehilfe eintreten. Beide hatten sich vorgenommen, Sterbehilfe in Anspruch zu nehmen, sollten sie an Demenz erkranken. Als Walter Jens dann tatsächlich dement wurde, verpasste er tragischerweise den Zeitpunkt. Warum, weiß ich nicht. Seine Frau und sein Sohn haben dazu geschrieben. Könnten Sie das zusammenfassen?

Später. Bis nächste Woche.

Hans Küng hat einmal gesagt, wahrscheinlich aufgrund der Erfahrung mit seinem Freund: «Ich möchte so sterben, dass ich noch voll Mensch bin und nicht reduziert auf ein vegetatives Dasein.»[59] *Ich habe bei Exit in vielen Fällen Mitverantwortung übernommen, damit Demenzkranke den Zeitpunkt nicht verpassen. Denn sie müssen vorgreifend handeln. Oft sagen mir Menschen Ähnliches, wie etwa eine rund sechzigjährige Frau mit einer beginnenden Demenz: «Ich bitte Sie, gut aufzupassen, dass ich nicht zu früh sterbe, aber auch, dass ich den richtigen Zeitpunkt nicht verfehle. Denn ich will niemals über viele Jahre in einem Heim dahinsiechen, lieber sterbe ich vorher.» Die Demenz raubt nicht nur, meist schleichend, Erinnerung und Identität, sondern auch den Willen. Wenn ein Demenzkranker am Tag, den er für die Freitodbegleitung bestimmt hat, die Freitoderklärung nicht mehr unterschreiben kann, dann führen wir diese nicht durch.*

Auch dann nicht, wenn die, die ihm nah sind und ihn während seiner Krankheit und während der Vorbereitung zum Freitod begleitet haben, glaubwürdig bezeugen können, dass es sein Wunsch ist? Oder wenn ein handschriftliches, unterschriebenes Dokument vorliegt, in dem er seinen Wunsch darlegt? Oder das Protokoll eines Psychiaters oder des Vertrauensarztes?

Nein. Auch dann nicht. Auch eine Patientenverfügung hilft hier nicht weiter. Entscheidend ist allein die Urteilsfähigkeit des Sterbewilligen am vereinbarten Tag der Freitodbegleitung.

Bei einer meiner Begleitungen unterschrieb einmal ein Demenzkranker die Freitoderklärung, und seine Frau erschrak: «Du heißt doch gar nicht so!» Da schaute er auf das Blatt und meinte: «Gopfertoori, was habe ich da geschrieben?!» Ich gab ein neues Formular und las nochmals die entsprechenden Pas-

sagen vor, zu denen seine Zustimmung nötig war. Daraufhin unterschrieb er mit seinem richtigen Namen. Der Psychiater...

Ein Psychiater ist immer anwesend?

Ja, bei der Begleitung von Dementen ist immer ein Psychiater dabei, um die Urteilsfähigkeit zu überprüfen. So auch diesmal. Er führte nach der Episode mit der missglückten Unterschrift ein längeres Gespräch mit dem Patienten, der erklärte: «Wissen Sie, ich hatte einen Blackout. Sie werden begreifen, dass ich an so einem Tag wie heute nervös bin. Doch jetzt bin ich wieder ruhig. Ich weiß, was ich will.» Alle, die anwesenden Familienangehörigen eingeschlossen, waren sich schließlich einig, dass seine Urteilsfähigkeit gegeben sei. Wäre es anders gewesen, wir hätten ihn nicht in den Tod begleitet. Der damalige Leiter der Zürcher Staatsanwaltschaft, Dr. Brunner, hat es den «luziden Augenblick» genannt: Wenn ein Mensch mit Exit stirbt, muss er sich in seiner Todesstunde in einer luziden geistigen Verfassung befinden.

Walter Jens und Hans Küng sind sich einig

Herr Kriesi, ich lese Ihnen vor, was ich über Walter Jens und seinen Freund Hans Küng geschrieben habe:

«Dabei bin auch ich der Überzeugung, der festen Überzeugung, dass das Leben Gnade Gottes ist. Es ist mir geschenkt. Ich habe es nicht selber erworben»[60], so Hans Küng mit einem für Gläubige sicher nicht ungewöhnlichen Bekenntnis. Doch wohl kein anderer katholischer Theologe und Priester betont in solcher Offenheit, dass Gott uns damit die Verantwortung für unser Leben gegeben habe, und zwar bis zum letzten Moment. Es liegt also in unserer eigenen Verantwortung, in den Grenzen des Möglichen, über Zeitpunkt und Art unseres Sterbens zu befinden. Um Sterbehilfe zu bitten, so Hans Küng, um eine erhöhte Dosis Morphium etwa, sei eine von Gott erlaubte Gewissensentscheidung. Dass dieser Wunsch geäußert und erfüllt werden darf, sieht er als Teil der Lebenskunst. Einer Lebenskunst, nicht länger im Mittelalter verhaftet, sondern sich der Moderne stellend, da sie verantwortungsvoll die neue Lebensphase umfasst, die uns Hygiene und Medizin geschenkt haben: das hohe Alter.

«Menschenwürdig sterben. Ein Plädoyer für Selbstverantwortung.» Dies der Titel eines Buches von Hans Küng und dem Literaturwissenschafter Walter Jens, publiziert 1995. Die beiden Freunde waren sich einig, dass ein selbstbestimmtes Leben mit einem selbstbestimmten Tod abschließen darf.

«Nicht der Arzt ist Herr über Leben und Tod, sondern der betroffene Mensch allein, der gegenüber dem Arzt seine Rechte geltend machen darf und soll»[61], so Hans Küng. Und Walter Jens wünscht sich, die Dichtung solle zeigen, «anschaulich und präzise, wie Menschen heute verrecken müssen, elend und würdelos ...»[62] Ihr «Plädoyer für Selbstverantwortung» ist auch ein Plädoyer für aktive Sterbehilfe, für eine Medizin, die unter bestimmten Umständen eine tödliche Spritze verabreichen darf.

Die Freunde waren sich einig, so sterben zu wollen, dass sie noch «voll Mensch» sind, wie es Hans Küng ausdrückt, einen Zustand, den er bei einer Demenz als nicht mehr gegeben sah[63] «Wo hat denn», so fragt er, «der gute Schöpfergott eine Reduktion des menschlichen Lebens auf ein rein biologisch-vegetatives Leben ‹verfügt›»?[64] Und Walter Jens sagt zu seinem Sohn bei einer gemeinsamen Kahnfahrt vor laufender Kamera: «Ich will sterben – nicht gestorben werden»[65], und: «Darf ich nach einem selbstbestimmten Leben nicht auch einen selbstbestimmten Tod haben, statt als ein dem Gespött preisgegebenes Etwas zu sterben, das nur von fernher an mich erinnert?»[66]

Sieben Jahre später schreibt der Sohn über den Vater: «Nachts, wenn der große Hunger kommt und das Schlafmittel keine Ruhe mehr gibt, strampelt er sich frei. Die nasse Windel plagt. Er hat genug gedämmert.» Und so geht es über Seiten weiter in seinem Buch: «Demenz. Abschied von meinem Vater».[67] Tilman Jens beschönigt nichts, beschreibt alle Details des Zerfalls: den Rollstuhl, das Babyphone, die Pflegerin, die den Vater zwölf Stunden pro Tag umhegt; er erzählt von Inkontinenz, leeren Augen und den wenigen syntaktischen

Hohlformeln, die von der Sprache des wegen seiner Redekunst Gerühmten übrig geblieben sind; er erzählt von schmerzverzerrten Grimassen, Schreien, Schlägen, Spucken; von den Tränen seines Vaters.

Hans Küng besucht den Kranken häufig; die beiden wohnen in Tübingen nur ein paar Minuten voneinander entfernt. Wenn er ihn fragt, wie es ihm gehe, antwortete dieser: «Schlecht. Es ist schrecklich. Ich möchte sterben.»[68] Hans Küng fühlt sich rat- und machtlos. Zum ersten Mal erlebe er «diese Art des Absterbens des Hirns mit verheerenden Folgen». Mit seinem Freund, dem Geistesmann, sei kaum noch eine geistige Kommunikation möglich. Die Demenz schreitet fort, Hans Küng notiert: «Mich erschüttert der Zustand meines Freundes, seine hilflosen Sterbe-Appelle und seine Angst zu sterben.»

Als die Demenz noch in der Anfangsphase war, fragte Walter Jens den Sohn, ob sein vor Jahren gegebenes Wort weiterhin gelte und er ihm beistehen würde. Der Hausarzt habe ihm versprochen, dass er mit den nötigen Medikamenten helfen würde.[69] Und auch mit seiner Frau Inge hatte er all dies längst besprochen. Die Familie war bereit, ihm den Wunsch zu erfüllen. Legal wäre es in Deutschland nicht gewesen, doch im Verborgenen helfen die Ärzte auch hier.

2009 – vier Jahre bevor Walter Jens neunzigjährig stirbt – sagt Inge Jens in einem Interview mit der Deutschen Presse-Agentur: «Ich weiß genau, und es steht Wort für Wort in unserer Patientenverfügung formuliert, dass mein Mann so, wie er jetzt leben muss, niemals hat leben wollen. Sein Zustand ist schrecklicher als jede Vorstellung, die er sich wahrscheinlich irgendwann einmal ausgemalt hat.» Doch sie erzählt auch:

«Neulich hat er gesagt: ‹Nicht totmachen, bitte nicht totmachen.› Ich bin mir nach vielen qualvollen Überlegungen absolut sicher, dass mich mein Mann jetzt nicht um Sterbenshilfe, sondern um Lebenshilfe bittet.»[70]

Das ist's, Herr Kriesi, was ich geschrieben habe.

Was mir beim Zuhören nicht aus dem Kopf ging: Möglicherweise hat Walter Jens eine Betreuung gefehlt, die ihm hätte helfen können, den rechten Zeitpunkt für den Freitod zu finden. Der Demenzkranke muss entscheiden, solange es ihm noch gut geht. Doch wie oft habe ich erlebt, dass die Angehörigen und der Freundeskreis sagen: Du freust dich doch noch am Leben, an den Menschen, an der Natur. Du hast doch noch Zeit. Warum denkst du schon jetzt über Sterbehilfe nach? Das ist aus der Warte der Angehörigen verständlich. Doch für den Kranken kann auf diese Weise ein Rechtfertigungsdruck entstehen. Er zögert und wartet. Und irgendwann ist es zu spät...

... und damit, möglicherweise, auch eine Chance.

Wie meinen Sie jetzt das?

Dass sich auch folgern ließe: Zum Glück hatte Walter Jens keinen Freitodbegleiter. Sein Sohn erzählt etwa, dass es durchaus noch ein «Stück Lebensqualität» und schöne Momente gegeben hätte, nachdem sein Vater Erinnerung, Orientierung und Sprache bis auf wenige Fetzen verloren hatte und er sich seines Zustandes nicht mehr bewusst war.[71] Und der Schweizer Alterspsychiater Raimund Klesse schrieb etwa erst kürzlich in einem Interview, viel hänge davon ab, dass der Demente sich in einem liebe- und verständnisvollen Umfeld befinde; viele hätten dann ein gutes oder sogar fröhliches Leben.[72]

Viele Ärzte und Psychiater sehen ihre an Demenz erkrankten Patienten im Schonraum ihrer Praxen, und ich zweifle, ob sie selbst bei regelmäßigen Hausbesuchen die alltäglichen Dramen mitbekommen und der Kontakt bis ans Lebensende des Patienten bestehen bleibt. Hätten sie Einsicht in die Endphase der Krankheit, dann wäre mir eine Einstellung wie die von Raimund Kresse ein Rätsel. Jeder Beruf hat ein eigenes Beobachtungsfeld, das wir nicht absolut setzen dürfen. Selbst schöne und lichte Phasen, die Demente zweifellos erleben können, wiegen für mich das Sterbeelend, das diese Krankheit verursacht, keineswegs auf. Ein Pfarrkollege, der an Demenz erkrankt war, notierte: «Vergessen heißt, langsam zu Tode gequält werden. Granit zerbricht in Staub, was fest war, wird zur Wüste.» Immer wieder erklärte er mir, dass er unter keinen Umständen das erleben wolle, was er über viele Jahrzehnte in seinem Beruf mitansehen musste.

Tilman Jens, Sie, Herr Kriesi, wir alle, die wir nicht erkrankt sind, urteilen von außen, wir bewerten etwas, was wir selbst an uns nicht erfahren haben. Und all die, die es an sich selbst erfahren, können in der Endphase nicht mehr darüber berichten. Wir wissen also nichts aus der Perspektive der unmittelbar Betroffenen. Ich kann mich nicht in mein zukünftiges Ich einfühlen, sollte ich an Demenz erkranken. In der Vorstellung meines momentanen, nicht dementen Ichs stelle ich mir vor, dass ich diesen Zustand nicht ertragen würde und nicht ertragen wollte. Doch wer weiß, was ich als Demente erlebe – und möglicherweise gern ertrage. Ich bin ja dann eine andere.

Was weiß ich schon über das Empfinden dieser Fremden! Insofern könnte der verpasste Freitod eine Chance sein.

Ich kann mir durchaus vorstellen, dass ein Dementer, wenn ihn die Wahrnehmung über seinen Zustand nicht mehr quält, Glücksgefühle empfindet.

Interessiert Sie denn das Glücksgefühl nicht, sollten Sie dement werden? Ist es nicht eine Überlegung wert, ob sich nicht dafür die Qual des Übergangs in diese Phase der Demenz lohnt?

Eine Überlegung ist es wert. Doch für mich will ich weder den Übergang noch das späte Stadium mit den vermuteten Glücksgefühlen.

Sie nehmen eine Zukunft vorweg, in der Sie ein anderer wären.

Aus meiner Sicht bin ich dazu da, auf dieser Welt eine Aufgabe zu erfüllen. Ob diese mich mit Glück erfüllt oder nicht, ist für mich nachgeordnet. Ich finde es schal und langweilig, Glücksmomenten nachzurennen. Die Glücksmomente sind für mich bedeutungslos, wenn ich nicht mehr ich bin und mit meinen Angehörigen kommunizieren kann. Ich sehe den Sinn nicht ein, dass der Körper mit einem verstorbenen Geist lebt. Wenn ich geistig verfallen bin, dann ist das erloschen, um was es geht: denkfähig, sprachfähig, gehfähig zu sein. Solange ich das bin, will ich leben. Sonst nicht.

Daher verlange ich ... Die Patientenverfügung

Herr Kriesi, lassen Sie mich auf Walter Jens zurückkommen. Seine Familie betont, wie eindeutig er seinen Willen in der «Vorsorglichen Verfügung für die medizinische Betreuung im Fall meiner Entscheidungsunfähigkeit» ausgedrückt habe, die er im Beisein eines Notars unterschrieb. In diesen «Wünschen und Forderungen an Bevollmächtigte und Ärzte, an Familie und Freunde» schreibt Walter Jens: «Wenn ich länger als sechs Wochen geistig so verwirrt bin, dass ich nicht mehr weiß, wer oder wo ich bin, und Freunde und Familie nicht mehr erkenne, dann verlange ich, dass alle medizinischen Maßnahmen unterbleiben, die mich am Sterben hindern.» Der Sohn nennt das, was darauf folgt, «das gebrochene Versprechen», denn in den letzten Leidensjahren des sterbenskranken Vaters seien etwa die «freundlichen Anfragen des Todes» immer wieder mit Antibiotika niedergekämpft worden.[73] Wie ist die Situation in der Schweiz, wie weit trägt hier die Patientenverfügung?

Früher, bevor es Patientenverfügungen gab, wurden demente Patienten mit allen zur Verfügung stehenden Mitteln am Leben gehalten. Durch Antibiotika und vor allem auch durch Zwangsernährung.

Ist Zwangsernährung der richtige Ausdruck? Was ist, wenn der Demente essen würde, wenn er könnte? Sodass das, was wie Zwang wirkt, das ist, was ihm guttut.

Ich spreche von der Phase, in der Demente gewissermaßen in einer biologischen Falle sind, weil lebenswichtige Organe nur noch durch die Medizin funktionsfähig gehalten werden und das Gehirn schon weitgehend abgebaut ist. Wenn nun der Demente von sich aus keine Nahrung mehr zu sich nimmt oder wenn er, versucht man ihn zu füttern, den Mund nicht öffnet, die Lippen zusammenpresst oder die Hand wegschlägt, dann wurde früher meist eine Sonde gelegt, um ihn künstlich zu ernähren. Wenn Sie aber heutzutage in einer Patientenverfügung schreiben, dass Sie im kritischen Falle keine lebenserhaltenden Maßnahmen wollen, auch keine künstliche Ernährung, dann wird dem meines Wissens für gewöhnlich stattgegeben.

Doch wenn der Demente gar nicht mehr weiß, dass er eine solche Verfügung erlassen hat und etwa im Zustande der Verwirrung nach Essen verlangt, dann wird wohl kein Heim eine solche Verweigerung wagen, Angehörige bei der Pflege zu Hause meistens auch nicht.

Verständlich. Diese Art der basalen Fürsorge – leidenden, hilfebedürftigen Menschen etwas zu essen und trinken zu geben – ist ja tief in uns verankert. Auch aus der eigenen Hilflosigkeit heraus, um nicht nur zuschauen zu müssen, um irgendetwas zu tun.

Ja, ein starkes mitmenschliches Motiv. Das aber in solchen Situationen in die Irre leiten kann. Die Hilfe, die Fürsorge kann dann gerade darin bestehen, der Natur ihren Lauf zu lassen und zu akzeptieren, dass Menschen gegen Ende ihres Lebens immer weniger Nahrung zu sich nehmen und schließlich auf sie verzichten – oder sich, wenn man sie zur Ernährung zwingt, so weit wie möglich dagegen wehren.

Aber es gibt noch ein anderes, nicht zu unterschätzendes Motiv, warum es vorkommt, dass Demente trotz eindeutiger Patientenverfügung künstlich ernährt werden. Es gibt Juristen und Ärzte, die argumentieren, dass die Patientenverfügung nur so weit gültig sei, wie der früher geäußerte Wille auf die gegenwärtigen Verhältnisse Bezug nimmt, das heißt darin aktualisierbar ist.

Sie spielen damit auf die Herausforderung an, dass wir uns während der Abfassung der Patientenverfügung nicht vorstellen können, was es bedeutet, im fortgeschrittenen Grad dement zu sein?

Ja. Und deswegen sind die betreuenden Personen mit einer Ernährung, allenfalls gegen die Patientenverfügung, juristisch auf der sicheren Seite. Ärzten fällt es viel leichter, eine lebenserhaltende Behandlung zu begründen, als Sterbenlassen zu rechtfertigen.

Die Interpretation einer Patientenverfügung hat also einen erheblichen Spielraum.

Wichtig ist daher eine im Voraus bestimmte Vertrauensperson, die beratend wirken kann, wenn der Demente nicht mehr urteilsfähig ist. Und daher ziehe ich persönlich den Freitod bei Demenz vor, statt es auf die schwierige Durchsetzung der Patientenverfügung ankommen zu lassen. Das will ich meinen Angehörigen nicht aufbürden.

Exit überarbeitet zurzeit die Vorlage für die Patientenverfügung, die allen Mitgliedern zur Verfügung steht. Neu ist ein wahlweiser Abschnitt, in dem gefordert wird, dass bei fortgeschrittener Demenzerkrankung die Ernährung und Flüssigkeitszufuhr auch dann zu unterlassen sei, wenn «durch reflexartiges Verhalten ... der Eindruck von Hunger und Durst entstehen könnte. Die Sedierung soll in diesem Fall entsprechend angepasst werden.»[74]

Das ist ein lange überfälliger Schritt, von vielen Mitgliedern immer wieder angeregt. Doch Exit setzt sich nicht nur für eine präzise Formulierung der Patientenverfügung ein, sondern auch für deren Durchsetzung. Also dafür, dass die dort festgehaltene Willensäußerung respektiert wird, wenn man sich in einer Situation befindet, in der man nicht länger handlungs- und urteilsfähig ist.

Exit wird in der Öffentlichkeit vorwiegend als Sterbehilfeorganisation wahrgenommen. Doch schon im Vorfeld der Gründung war die Patientenverfügung ein erstes Anliegen der Pioniere, um vor Übergriffen der Medizin zu schützen und das Selbstbestimmungsrecht durchzusetzen. Exit war die erste Organisation, die in der Schweiz dieses Dokument einführte. Dieses – und nicht die Freitodhilfe – war auch für viele Leute der Grund, dem jungen Verein beizutreten. Ich wünschte, auch meine Mutter hätte die Möglichkeit zu solch einer Verfügung gehabt. Dann hätte sie nicht so leiden müssen.

Unser Gespräch erinnert mich wieder daran: Nun, wo ich bald 89 werde, sollte ich meine Patientenverfügung spezifizieren und radikalisieren. Falls ich nach einem Notfall bewusstlos eingeliefert werde, sollte ich unter allen Umständen lebenserhaltende Maßnahmen verbieten.

Ich bin ein gläubiger Pfarrer

Herr Kriesi, Sie haben ihn bisher nie erwähnt. Doch wenn ich Ihnen zuhöre, denke ich immer wieder an den Stoiker Epiktet aus dem ersten Jahrhundert.

Ich kenne ihn ein wenig, habe ihn aber nie im Original gelesen. Zwar gehörte zu meinem Theologiestudium Philosophie, doch immer nur mit Bezug auf die Kirchengeschichte. Wir beschäftigten uns mit Augustinus, da er sehr viel von den Lehren des Apostels Paulus aufgenommen hat. Und auch mit Thomas von Aquin. Also den beiden Theologen, die für den Fortgang des Christentums entscheidend waren. Dann lernten wir noch ein wenig Platon kennen. Das war's. Epikur und auch die Stoiker habe ich erst während meiner Zeit bei Exit kennengelernt. An welches Zitat denken Sie?

Ich habe hier das «Handbüchlein der Moral». Aller Wahrscheinlichkeit wurde es von Arrian – einem Schüler Epiktets – aus Vorlesungsmitschriften zusammengestellt. Gleich zu Beginn ist das Zitat. Ich lese es vor: «Wir gebieten über unser Begreifen, unsern Antrieb zum Handeln, unser Begehren und Meiden, und, mit einem Wort, über alles, was von uns ausgeht; nicht gebieten wir über unsern Körper, unsern Besitz, unser Ansehen, unsere Machtstellung, und, mit einem Wort, über alles, was nicht von uns ausgeht.»[75]

Simon – ich habe von ihm ausführlich erzählt – hat mir damals etwas Ähnliches vorgelesen. Ich erinnere mich noch, dass es davon handelte, dass man keine Abneigung gegen alles haben solle, was nicht in der eigenen Macht läge, wie unsere Hinfälligkeit und Sterblichkeit. Man würde sonst nur unglücklich. Simon sprach damals darüber, wie gut es ihm täte, das zu beherzigen. Er und viele andere haben mir gezeigt: Wenn wir die Unabänderlichkeit von Hinfälligkeit und Sterblichkeit akzeptieren, dann bleibt uns oft ein unerwartet großer Raum, in dem wir uns frei bewegen können. Meinen Sie, das Zitat war auch von Epiktet?

Beide Mal geht es um das Schicksal, um Umstände, die wir zwar nicht ändern, mit denen wir jedoch umzugehen lernen können. Das passt zu Epiktet und den Stoikern.

Es passt auch zu Jesus von Nazareth. Mit Epiktet teilt Jesus diese Bezogenheit auf das konkrete Leben. Jesus predigt die Gelassenheit dem Unglück gegenüber und die Aufgehobenheit im Augenblick auch angesichts widriger Umstände. Er sagt etwa in der Bergpredigt: «Schaut auf die Vögel des Himmels ... Lernt von den Lilien auf dem Feld ... Sorgt euch nicht um den nächsten Tag, denn der morgige Tag wird für sich selber sorgen. Jeder Tag hat seine eigene Last.»

Wenn ich diese Sätze isoliert beim Wort nehme, dann lassen sie sich so verstehen, dass der «himmlische Vater» sich schon um alles kümmern werde. Epiktet jedoch kennt keinen solchen sorgenden Gott. Wir sind auf uns selbst zurückgeworfen. Und dürfen oder müssen uns daher auch um unser Sterben kümmern.

Dann muss ich präzisieren. Jesus verstand es meisterhaft, wichtige Wahrheiten in bildhaften und überspitzten Ausdrücken auf den Punkt zu bringen. Bilder, die sich im Geist festhaken und auch Widerspruch wecken. Bei allen Deutungen müssen wir auch immer im Kopf behalten, dass wir kein einziges Wort im Urtext vor uns haben. Jesus sprach wohl aramäisch, das Neue Testament ist in griechischer Sprache überliefert. Doch so viel glaube ich zu wissen: «Sorget euch um nichts» meint nicht, dass wir uns aufs Sofa setzen und Gott überlassen können, was unsere Pflicht wäre. Wer nicht sät, erntet nicht, so steht es auch im Alten Testament. Doch Jesus sagt diese Sätze in der Bergpredigt, weil er weiß, wie häufig wir uns in Gedanken mit vorauseilenden Ängsten quälen, die sich vorerst einmal nur im Kopf abspielen. Sie haben quasi eine therapeutische Funktion, sollen uns Vertrauen geben.

Dass Jesus in einer außergewöhnlichen metaphysischen Geborgenheit sein irdisches Leben lebte, kann wohl nicht bestritten werden. Gottvertrauen nennen wir diese Geborgenheit. Dieses Vertrauen kann uns helfen zu unterscheiden, was in unserer Macht liegt und was nicht. In verschiedenen Psalmen kommt dasselbe zum Ausdruck. Etwa, wenn es heißt:
«Nähme ich die Flügel der Morgenröte
und ließe mich nieder am äußersten Ende des Meeres,
auch dort würde deine Hand mich leiten
und deine Rechte mich fassen.»[76]

Wir sind in jeder Situation unseres Lebens von einer geheimnisvollen, göttlichen Macht umgeben, getragen und geschützt. Sobald diese Lebensrealität in unser Bewusstsein dringt, bekommen wir ein tiefes Vertrauen in alles, was rings um uns geschieht. Dieses innere Wissen schenkt uns eine Geborgenheit, die wir in unserer Sprache nur in solchen Bildern wie in dem Psalm zum Ausdruck bringen können. Durch dieses Gottvertrauen finden wir Halt, auch in den tiefsten Krisen, in völliger

Dunkelheit, in der ausweglosesten Situation. Im Psalm heißt es weiter:

«Und spräche ich: Finsternis breche über mich herein,
und Nacht sei das Licht um mich her,
so wäre auch die Finsternis nicht finster für dich,
und die Nacht wäre licht wie der Tag,
Finsternis wie das Licht.»

Das Bewusstsein, dass ich in jeder Situation meines Lebens von Gott geführt bin, ist kein Geschenk des richtigen Glaubens. Diese Erfahrung steht jedem Menschen offen, der sie beansprucht. Sie ist auch nicht davon abhängig, ob ich irgendwelchen metaphysischen Vorstellungen anhänge, also ob ich etwa an ein Leben nach dem Tod glaube. Ich habe mich immer dagegengestellt, wenn der Anspruch vertreten wurde, Frömmigkeit zahle sich aus. So wie etwa von konservativen Kreisen, die behaupten, dass der richtige Glaube belohnt und der falsche – richtig und falsch in Anführungszeichen – bestraft wird. Zur spirituellen Kraft können alle Menschen den Zugang finden. An dieser göttlichen geistigen Kraft, die die Welt durchwaltet, können alle teilhaben.

Und Sie, Herr Kriesi? Haben Sie Zugang zu dieser göttlichen geistigen Kraft?

Ja, ich habe viele solcher Erlebnisse.

Als Protestant, als Christ?

Als Mensch! Als Mensch habe ich immer wieder gespürt, da ist eine Kraft, eine Führung, die über meinen Verstand hinausgeht und die wider alles Erwarten etwas zum Guten wendet, ohne dass ich etwas Wesentliches dazu tue. Immer wieder bin ich durch

Schwierigkeiten hindurchgekommen, bei denen ich mir hinterher nicht erklären konnte, wie ich das geschafft habe .... Diese tiefe Führung habe ich oft erfahren.

Wie darf ich mir Ihren Gott vorstellen?

Ich glaube an eine göttliche Realität – nicht an einen Gott als Person –, ich könnte auch sagen, an eine numinose Macht, die von unserem menschlichen Verstand nicht klar erfassbar ist. Das sprengt unser Sprachvermögen. Darum spricht die Bibel ja in anthropomorpher Form von dieser Macht. Sie spricht vom Hirten, vom Beschützer. Leider ist in der heutigen Zeit die liturgische Einübung auf solch eine tiefere religiöse Realität – also Rezitation, Gebet und Lied – verloren gegangen.

Einübungen, wie Sie sie als Kind und junger Mann in der evangelikalen Gemeinschaft erfahren haben?

Ja, auch damals. Teilweise. Doch ich dachte an meine Zeit als Pfarrer. Wenn ich nach einer Beerdigung höre, wie fünfhundert Leute singen: Großer Gott, wir loben dich. Herr, wir preisen deine Stärke. Vor dir neigt die Erde sich... Das ist tief berührend. Die katholische Messe mit ihrer sichtbaren Handlung ist da noch wirksamer – für die Gewissheit, dass Gott mir vergibt.

Sie glauben an einen Gott, der vergibt?

Ich glaube an die Menschen, die sich vergeben.

Haben Sie dies von der Kanzel herab gepredigt?

Eine gute Predigt hat eine therapeutische Wirkung. Sie ist eine Ermutigung, eine Stärkung für das alltägliche Leben. Sie bietet Klärung, wo nötig. Und sie trägt dazu bei, dass Menschen auf

ihre Mitmenschen zugehen. Dafür muss die eigene Unzulänglichkeit eingesehen werden, denn diese Einsicht hilft, die Unzulänglichkeit der Mitmenschen zu akzeptieren. Jesus sagt in der Bergpredigt:
«Was siehst du den Splitter im Auge deines Bruders, den Balken in deinem Auge aber nimmst du nicht wahr?»

Diese moralische Richtlinie, wie hängt die mit Ihrem Bewusstsein des Göttlichen zusammen?

Das ist voneinander unabhängig. Mein Bewusstsein der göttlichen Führung ist ein tieferes Gefühl. Wie es mein Handeln bestimmt, das ist eine andere Frage.

Sie sind also kein ungläubiger Pfarrer?

Ich bin ein gläubiger Pfarrer, ja, das bin ich. Jedoch kein dogmatischer. Aber schreiben Sie doch etwas zu Epiktet – dann können wir diese Themen weiterdiskutieren.

Mach ich. Nächste Woche wieder? Dienstag? Ich lese die Seiten dann vor.

Die Jugendliebe

Bei einem Treffen schon vor längerer Zeit, es ist wohl acht Wochen her, musste Werner Kriesi früher als sonst wieder gehen. Wir hatten uns wie so oft gegen zehn Uhr morgens verabredet. Saßen auf der Terrasse des Häuschens, in dem ich lebe, im ersten Stock, im Wind, in der Sonne. Einmal regnete es kurz, doch der Sonnenschirm ist riesig. Wir saßen an je einem runden Tischchen. Er mit einem Stapel Unterlagen, ich mit meinem Computer. Wir blickten auf die Gärten, beobachteten eine Horde Spatzen, die sich im Rosenbusch und im Flieder sonnte. Die Mauersegler flogen tief und kreischten.

Er war zum Mittagessen am See verabredet. Mit seiner heimlichen Liebe aus Kinderzeiten, die er über sechzig Jahre aus den Augen verloren hatte. Als Zehnjähriger hatte er sich verliebt, sie war Schülerin in der Schule eines Nachbardorfs, seines Alters. Mit zwölf schrieb er ihr das erste Gedicht. Seine heimliche Liebe konnte er ihr nicht gestehen, auch nicht, als sie sich nochmals, inzwischen zwanzigjährig in einem Skilager begegneten. Dann führten ihre Wege in unterschiedliche Richtungen. Beide heirateten, bekamen Kinder.

Im Frühling dieses Jahres rief sie ihn an. Bei ihrem ersten Treffen nach einem langen Leben konnte er ihr endlich von seiner damaligen Verliebtheit erzählten. Sie hatte es geahnt, gewusst. Wäre er nur mutiger gewesen, wer weiß... Und dann bat sie ihn, ihr beim Sterben zu helfen.

Ein Liebesbeweis. Nachgeholt. Ich weiß nicht, was sagen. Ich frage: «Wann?»

«Im Winter, hoffentlich erst im Winter. Oder später. Ich hoffe, sie nimmt sich Zeit. Wartet.»

Es soll anders kommen. Wieder sitzen wir auf der Terrasse. Es ist Ende August, laut Meteo Schweiz einer der wärmsten Monate seit Messbeginn. Es ist Vormittag und bereits über dreißig Grad. Drinnen, die Läden sind schon seit dem frühen Morgen geschlossen, wäre es zwar etwas kühler, doch Corona lässt uns vorsichtig sein. Je länger ich Werner Kriesi zuhöre, desto bedrohlicher wirken die kommenden Wochen. Denn nicht im Winter, schon in wenigen Wochen möchte seine Jugendliebe sterben. Fadengrade sei ihr Entschluss.

Wir schweigen. Werner Kriesi legt nicht wie sonst schwungvoll seinen Stapel Unterlagen auf den Tisch, und ich lasse meinen Laptop zugeklappt. Meine Seiten zu Epiktet nehme ich wieder ins Haus, als ich die leere Wasserkaraffe in der Küche gegen eine gefüllte aus dem Kühlschrank austausche.

Werner Kriesi erzählt vom gemeinsamen Brief einer Freundin und eines Ehepaars, der ihn gestern erreicht habe. Sie kennen seine Jugendliebe seit Ewigkeiten, sind ungefähr gleich alt und leiden, wie sie schreiben, ebenfalls an Altersbeschwerden. Die eine mehr, die andere weniger. Und würden dennoch nicht aus dem Leben scheiden wollen! Die drei haben eine Bitte. Herr Pfarrer Kriesi solle ihrer Freundin klarmachen, dass sie dieses Vorhaben nicht zu Ende führen müsse. Der Wunsch zu sterben sei in einer sehr schwierigen, sich über Jahre hinziehenden Lebensphase entstanden – und diese sei vorbei, vieles, was damals belastend gewesen sei, habe sich gelöst. Doch nun scheine es ihnen, als könne ihre Freundin nicht mehr zurück, sie wirke wie unter Zugzwang. Sie würden ihn, den Herrn Pfarrer, daher herzlich bitten, auf die Freundin Einfluss zu nehmen. Sie würden ihren Tod sehr betrauern. Und sie wüssten, bei ihm sei es nicht anders.

«Daher», so Werner Kriesi, «rate ich immer, nicht zu vielen von den Plänen zum Freitod zu erzählen.»

«Das ist doch ein wichtiger Brief,», sage ich, «es ist schön, solche Freunde zu haben.»

Er schweigt, wir beobachten die sich balgenden Spatzen im blühenden Rosenbusch.

«Ist es nicht so», frage ich, «dass Sie die Bedenken der Freunde teilen?»

«Kann ich eine solche Bitte, kann ich die Bitte meiner Jugendliebe ablehnen?»

Und dann erzählt er, wie reich sein Leben, wie eingebunden er in eine turbulente, große Familie sei. Wie groß sein Freundeskreis. Wie zahlreich die Aufgaben. All die Enkel, die häufig bei ihnen seien. Die regelmäßigen Familienabendessen in großer Runde. Die gemeinsamen Ferien. Die seelsorgerische Beziehung, die er weiterhin zu ehemaligen Gemeindemitgliedern habe. Die engen Freundschaften zu Menschen, die er durch sein Berufsleben als Pfarrer und Freitodbegleiter kennengelernt habe. Er habe ein erfülltes Leben gehabt, habe es noch immer. Auch im Alter. Er schweigt und präzisiert: «Auch im hohen Alter.»

«Anders als Ihre Jugendliebe …?»

Er nickt.

Nach einer langen Pause sagt er: «Wäre es nicht anders, würde ich auch gehen wollen. Mich halt meine Famllle, meine enorme emotionale Anhänglichkeit.»

Ich frage mich, ob es in dieser Situation angemessen sei, ihn zu fragen, wie er das alles aushält. Wie er das psychisch, seelisch geschafft hat, die Freitodbegleitungen von Andelka, Martha, Simon und C. Sanders und von so vielen anderen, von denen er mir erzählt hat. Bei über fünfhundert Sterbewilligen hat er eingewilligt, ihnen zu helfen. Eine unvorstellbare Anzahl. Darunter psychisch Kranke, Gelähmte im Rollstuhl, auf Dauer Pflegebedürftige, so viele verzweifelte Menschen, die diesen radikalen, wuchtigen, endgültigen Schritt mit seiner Hilfe gehen wollten – und häufig auch gingen.

Zu Beginn unseres Buchprojekts hatten wir besprochen, dass wir auch die jungen Leute vorstellen werden, die durch einen Unfall vom Hals abwärts gelähmt sind, und auch die, die an psychischen Krankheiten wie Schizophrenie oder Borderline-Störung leiden. Manche waren kaum dreißigjährig, als sie zu Exit kamen, um Hilfe zum Sterben zu erbitten. Wie von den Ambivalenzen, den Widersprüchen, den Unsicherheiten, den Zweifeln berichten? Sie beiseitelassen? Auf der Oberfläche der Ereignisse bleiben? Erzählung an Erzählung reihen? Weil ich so erschlagen bin von allem, was ich in unseren Gesprächen erfahre? Weil ich nicht weiß, wie ich als Tochter, Schwester, Ehefrau, als Freundin oder Kollegin handeln würde, würde ich mit der Bitte zum Freitod in solch einer Situation konfrontiert? Oder als Freitodbegleiterin von Exit? Erzählung an Erzählung..., das könnte wie eine Nummernrevue wirken. Und Werner Kriesi wie ein Conférencier.

Herr Kriesi, wie haben Sie das früher alles nur ausgehalten? Wie halten Sie es jetzt aus, all die letzten Bitten zu erfüllen, die die mit Ihnen alt gewordene Freunde und Kolleginnen an Sie richten? Wie schaffen Sie es, nicht in Tränen auszubrechen, zu verzweifeln, zu verhärten, bei so vielen Begleitungen? Wie kriegen Sie das nur hin?

Er blickt mich an – und ich sage die Sätze nicht. Es wird eine andere Gelegenheit kommen.

«Am Ende des Briefes schreiben die drei Freunde, ich solle ihr Anliegen im Sinne des Amtsgeheimnisses behandeln. Ihre Freundin wisse davon nichts.»

«Was werden Sie tun?»

«Ich werde anrufen und mit ihnen darüber sprechen, dass ich meiner Jugendliebe von diesem Brief berichten muss. Wir dürfen in diesen Situationen nichts voreinander geheim halten. Das war immer meine Devise.»

Der Stoiker Epiktet: Die Tür steht offen

Nur wenig ist aus dem Leben Epiktets überliefert. Geboren wird er als Sohn einer Sklavin um das Jahr 50 in Hierapolis, der heutigen Westtürkei. In der Nähe liegt die Stadt Kolossä. An die dortige christliche Gemeinde schreibt zu jener Zeit der Apostel Paulus – oder einer seiner Schüler, die Forschung ist sich da nicht sicher – den Brief, in dem er vor den Verführungen durch die Philosophen warnt. Epiktet wird einer dieser Verführer sein, auch wenn ihm seine Herkunft diese Karriere nicht in die Wiege gelegt hat.

Die philosophische Schule der Stoa, die Epiktet prominent vertritt, und das junge Christentum gleichen sich insofern, als beide betonen, dass es unserer Seele schade, wenn wir uns von Äußerlichkeiten einfangen und von allzu Weltlichem ablenken lassen. Aus diesem Grund wird das Christentum auch Teile der Stoa für sich vereinnahmen. Doch ein Unterschied ist entscheidend: Epiktets Ethik für ein gutes und glückliches Leben kommt ohne die Drohung und ohne das Versprechen aus, dass wir für unser Tun und Lassen nach dem Tod zur Rechenschaft gezogen werden. Auch kennt Epiktet keine individuelle Seele, die unseren Tod überdauert. Sie löse sich vielmehr auf und werde wieder eins mit dem Logos der Weltvernunft, die in der Stoa mit dem Göttlichen gleichgesetzt ist.

Epiktet – sein Rufname bedeutet der Neuerworbene – wird wohl schon als Kind nach Rom verkauft. Sein neuer Besitzer, ein Beamter Neros, verkrüppelt eines seiner Beine; eine Behinderung, die Epiktet mit der sprichwörtlich gewordenen stoischen Gelassenheit hingenommen haben soll und von der er sich nicht weiter bekümmern lässt. Sein Herr wird Epiktet später nicht nur freilassen, sondern es ihm zuvor noch ermöglichen, Philosophie beim Stoiker Musonius Rufus zu studieren. Als Epiktet schließlich mit anderen Philosophen auf Befehl des Kaisers Domitian wegen Staatsgefährdung um die Neunzigerjahre aus Rom und Italien verbannt wird, zieht er sich mit seinen Schülern nach Nikopolis in Westgriechenland zurück.

Epiktet wird vermutlich furchtlos gegangen sein und auch in der Fremde sein Glück gefunden haben. Immer wieder schärft er uns ein, Gott habe die Menschen geschaffen, um «in beständigem Glück» zu leben.[77] Das gelinge, wenn wir unser Wohlergehen nicht von den Dingen abhängig machen, die uns zwar stören, die wir aber nicht ändern können. Denn nicht die Dinge selbst beunruhigten die Menschen, sondern ihre Meinungen und Urteile über sie.[78] Und somit lautet seine Quintessenz: Was ihr nicht ändern könnt, um das sorgt euch auch nicht. Denn sonst ergreifen euch Angst und Kummer, Wut und Depression, die euch Gelassenheit und Lebensglück rauben. Kurzum: Macht euch nicht abhängig von quälenden Emotionen, sondern im Gegenteil: Lasst sie erst gar nicht aufkommen bei den Dingen, die ihr nicht ändern könnt.

Epiktet hebt bei allem hervor, wie entscheidend Verstand, Vernunft und Urteilskraft seien, damit wir zu dieser inneren Freiheit finden und uns nicht dem Begehren nach äußeren Dingen wie Geld und Gut, sozialem Status, Jugendlichkeit oder Gesundheit hingeben. Denn wenn wir nach etwas streben, was nicht mit unserer Situation, mit unserer Natur und den Gesetzen des von der Weltvernunft bestimmten Kosmos im Einklang sei, dann überdehnen wir den Spielraum, den uns die äußere Freiheit gibt. Die Folge: Wir engen unsere innere Freiheit ein, werden furchtsam und unglücklich. Wohlergehen und Glück liegen also in unserer Verantwortung.

Wie anders hier Paulus, für den das Seelenheil allein im Glauben an den Erlöser Jesus Christus zu finden ist, durch den «wir die Erlösung haben, die Vergebung der Sünden», so der Apostel in seinem Kolosser-Brief.[79] «In uns selbst liegt beides, Untergang und Rettung», dies schreibt Epiktet, dem unsere Unabhängigkeit von der Unterstützung Dritter, auch von Gott oder den Göttern, so wichtig ist.[80]

Auch Epiktet spricht vom Göttlichen, von einer Gottheit, er nennt sie auch Zeus oder Vater, der uns Menschen Vernunft gegeben habe, damit wir in Übereinstimmung mit den kosmischen Abläufen, ihrer Harmonie und Ordnung leben. Neben dieser dem gelebten Volksglauben verpflichteten Ausdrucksweise nennt er auch den Logos, die Weltvernunft, an der wir Anteil haben. Doch wie immer Epiktet es ausdrückt, unsere Vernunftnatur bindet uns in die Abläufe des Kosmos ein, zu dem wie das Werden auch das Vergehen gehört, der Tod ebenso wie die Geburt. Mit dem Vergehen, dem Tod, dieser größten, nie versiegenden Quelle unserer Furcht, müssen wir uns nicht nur abfinden, so Epiktet, sondern befreunden. Dass wir sterben müssen, gehört zu den unabänderlichen Dingen, liegt nicht in unserem Einfluss. Doch unsere Einstellung, unsere Haltung dazu, die haben wir in der Hand. Niemand kann sich vor dem Tode retten. Vor der Todesfurcht hingegen schon.

Und so fragt Epiktet in einem der überlieferten Dialoge: «Und da murrst du, wo du alles, selbst deine eigene Person von einem anderen empfangen hast, und machst dem Geber

Vorwürfe, wenn er dir etwas nimmt? Und wozu bist du auf die Welt gekommen? Hat er dich nicht auf die Welt gebracht? Hat er dir nicht das Licht gezeigt? Hat er dir nicht Helfer gegeben? Nicht auch die Sinne? Den Verstand? Als was hat er dich auf die Welt gebracht? Etwa nicht als ein sterbliches Geschöpf? Nicht als ein Wesen, das mit seinem bisschen Leib auf der Erde leben, sein Walten schauen, ein Weilchen bei seinem Festzug zusehen und mitfeiern soll? Willst du da nicht, solange es dir vergönnt ist, dem Festzug und der Feier beiwohnen, und dann, wenn er dich fortführt, gehen, ihn anbeten und preisen für alles, was du gehört und gesehen hast?»[81]

Trotzig antwortet der Gesprächspartner: «Nein. Ich wollte lieber noch weiterfeiern.»

Epiktet entgegnet gelassen: «Warum bist du so unersättlich? Warum so unbescheiden? Warum machst du die Welt so eng?»

Epiktet rät, das Beste aus Gottes Geschenk – unserem Leben – zu machen und es so lange zu feiern, wie es uns gegeben sei. Sei es kurz, sei es lang, fände es ein Ende in Krankheit, in stürmischer See oder durch die Hand eines Tyrannen.

Die Tür steht offen. Dieses Bild verwendet Epiktet, wenn er davon spricht, dass wir jederzeit die Möglichkeit haben, das Leben zu verlassen. Etwa wenn wir unter Schmerzen leiden, die er unangenehme Empfindung des Fleisches nennt. Es gibt Menschen, die ertragen sie, und es gibt Menschen, die ertragen sie nicht. Für die, die so sehr leiden, dass sie es nicht auszuhalten vermögen, gibt es einen Ausweg: *Die Tür steht offen.* Und darin liegt unsere Freiheit. Und eben nicht darin, dass wir über alles verfügen können, über das wir verfügen wollen. Sondern nur, dass wir über das verfügen wollen, über das wir verfügen können.

Die Tür steht offen. Wenn wir mit dieser Gewissheit leben, dann haben wir, wie Epiktet es ausdrückt, die herrlichste aller Früchte zur Verfügung: «Unerschütterliche Seelenruhe, Furchtlosigkeit und Freiheit.»[82]

In einigen Passagen seiner Schriften vergleicht Epiktet das Leben mit einem Spiel. Wenn Kindern ihr Spiel keinen Spaß mehr mache, sagen sie: Ich will nicht mehr mitspielen. Dies gelte auch für unser Leben: Wenn es keinen Spaß mehr macht, uns die «Verhältnisse untragbar erscheinen», dann können wir ebenfalls sagen: Ich will nicht mehr mitspielen. Und die offene Türe wählen. «Falls du aber bleibst», so Epiktet, «so klage nicht.»[83]

Doch dass wir so leichthin, so nebenbei wie Kinder entscheiden dürfen, meint Epiktet damit nicht. Wer die offene Tür wählt, soll gewichtige Gründe haben.

«Epiktet, wir halten es nicht mehr aus.»[84] Wenn seine Schüler so klagen und erklären, sie seien es überdrüssig, ihren Leib «zu ernähren, mit Getränken zu versorgen, ausruhen zu lassen und zu reinigen und dann seinetwegen mit diesen oder jenen Leuten in Verbindung zu treten», wenn sie sich über Räuber, Diebe, Gerichtshöfe und die sogenannten Tyrannen beschweren, wenn sie behaupten, sie müssten sich von all diesen Fesseln befreien, von diesen Gewichten, die an ihnen hängen und sie niederdrücken, dann antwortet Epiktet kurz und knapp: «Haltet aus.» All dies sei kein Grund, die offene Tür zu wählen.

Das Bild der offenen Tür gilt also weder für Lebenskrisen noch Lebensüberdruss, sondern nur für Situationen, in denen keine Hoffnung besteht, dass das Leiden jemals wieder geringer würde.

Was in unserer Macht liegt

Allein das Wissen, dass die Türe offen steht, kann eine unglaubliche Erleichterung bedeuten. Während meiner Zeit bei Exit kamen viele Menschen in meine Sprechstunde, die nicht wussten, ob sie sich irgendeines Tages für einen Freitod entschließen könnten. Allein die freimütige Aussprache bedeutete eine Erleichterung, die schon während des Gespräches spürbar war. Meist fragte ich dann, ob sie die Möglichkeit eines Freitods schon mit ihrer Ärztin oder ihrem Arzt besprochen hätten. Und meist antworteten sie: Davor hüte ich mich. Ich will keine Strafpredigt hören. Ich will keine fürsorgerische Freiheitsentziehung oder wie es inzwischen heißt: fürsorgerische Unterbringung riskieren. Denn was sagt und denkt der Arzt? Ah, Sie sind suizidgefährdet, da muss ich etwas tun. Denn wenn ich nichts tue, dann werde ich als Arzt zur Verantwortung gezogen. Allein diese Rechtslage hat viele Menschen daran gehindert, offen mit ihren Ärzten zu sprechen. Umso mehr war für sie das Gespräch mit Exit eine Wohltat.

Einst kam ein ehemaliger Staatsanwalt in meine Sprechstunde. «Herr Kriesi», sagte er, «ich befasse mich mit meinem Abgang. Aber ich will nicht durch die Mühlen von Exit. Gibt es da eine Lösung?» Ich sagte: «Ich bin Theologe, Sie sind Jurist. Da werden wir wohl eine Lösung finden. Aber wollen wir es nicht erst mal auf legalem Wege versuchen?» Darauf ließ er sich ein. Wir waren um ein Jahr gleich alt, beide Mitte siebzig. Wir wurden Freunde.

Als wir Jahre später in einem Seerestaurant saßen, ein nebliger Tag, sagte er: Es ist genug. Erst kürzlich war er nach einem Schlaganfall aus dem Krankenhaus entlassen worden, gemein-

same Wanderungen waren nicht mehr möglich. Wir spürten beide: Sein Gedächtnis lässt mehr und mehr nach. Nicht mehr lange, und die Demenz würde mit voller Wucht einsetzen. Wir blickten in den Nebel, der auf dem Zürichsee lag, der Wasserspiegel war am Ende des Bootsstegs nur zu erahnen. Wir schwiegen, tranken ein Glas Wein – und da legte er das Datum fest.

Es wurde ein wunderbarer Altherrennachmittag. Wir waren zu dritt. Alle 82, 83 Jahre alt. Er, ein Schulfreund und ich. Die Kinder kamen, verabschiedeten sich. Auf dem runden Tisch in seiner Stube lag ein festliches Tischtuch, gestickt von seiner verstorbenen Frau. Er hatte einen auserlesenen Wein hervorgeholt. Einen alten Bordeaux. Es gab etwas zu essen. Es war einer der schönsten Männerrunden, die ich je erlebt habe. Mein Freund war entspannt, er war gelöst, er war heiter. Am frühen Abend sagte er: «Werner, jetzt ist gut. Ich gehe jetzt ins Schlafzimmer, höre noch etwas Musik – und dann rufe ich euch.» Er war so klar, so bewusst, so gelassen.

«Die Tür steht offen.» Ich denke, für diese Situation, in der Ihr Freund sich befand, gilt der Hinweis, die Tröstung Epiktets.

Und weil er das wusste, weil wir drei das wussten, gab diesem Altherrennachmittag die Heiterkeit.

Ihre Jugendliebe, Herr Kriesi, sie geht mir nicht aus dem Kopf. Hier denke ich an die Mahnung Epiktets: «Halte aus!» Denn alles, was Sie mir von ihr erzählt haben, von ihrer Lebenssituation, den Briefen aus dem Freundeskreis: Ist ihr Todeswunsch nicht weniger auf Lebenssattheit, sondern auf Verlassenheit und Überdruss zurückzuführen?

Ich werde sie kommende Woche nochmals treffen. Es beschäftigt mich, wie tief enttäuscht sie von ihrem letzten Lebensjahrzent ist. Ich hoffe sehr, sie umstimmen zu können ... Nach den Statuten von Exit, nach allen Regeln, die wir über die Jahrzehnte entwickelt haben, ist alles gegeben, um ihren Wunsch zu erfüllen: Urteilsfähigkeit, Wohlerwogenheit, Stabilität des Sterbewunsches. Aber ... wenn ich ihr Leben mit meinem vergleiche: Meine Eingebundenheit, meine Aufgaben. Schauen Sie hier meine Agenda an. Ist doch verrückt, wie voll die ist – für so einen alten Mann wie mich.

Ist der Sterbewunsch Ihrer Jugendliebe deshalb so bedrückend, weil man denkt, wäre es nur anders, dann würde sie leben wollen? Es aber, um nochmals auf Epiktet zurückzukommen, unsere Macht übersteigt, die Umstände so zu ändern, dass sie ihren Entschluss überdenkt.

Es gibt Situationen, in denen es mir gelungen ist, zu einer Änderung der Umstände beizutragen. Bei David etwa. Ihn konnte ich auf eine Art und Weise ermutigen und unterstützen, dass er sich schließlich mit seinem Schicksal versöhnte. Sein Freund hielt ihm über alles hinweg die Treue. Marie hingegen, von ihrem Verlobten verlassen, war von ihrem Sterbewunsch nicht abzubringen. David und Marie, beide waren nach einem Arbeitsunfall vom Hals abwärts fast vollständig gelähmt und an den Rollstuhl gebunden. Sie waren so jung! Auch sie beschäftigen mich bis heute.

Wir werden später auch diese Begegnungen noch aufschreiben.

Wenn wir Ärzte das Thema ernster nähmen, bräuchte es Exit nicht

«Ich schwöre, Apollon den Arzt und Asklepios und Hygieia und Panakeia und alle Götter und Göttinnen zu Zeugen anrufend, dass ich nach bestem Vermögen und Urteil diesen Eid und diese Verpflichtung erfüllen werde ...», so beginnt der Hippokratische Eid, von dem es heißt, dass ihn die Ärzte der Antike vor Zeugen laut gesprochen hätten. Weiter heißt es: «Auch werde ich niemandem ein tödliches Mittel geben, auch nicht, wenn ich darum gebeten werde, und werde auch niemanden dabei beraten.»

Herr Kriesi, weiterhin wird in der Debatte zur Sterbehilfe auf diesen rund zweitausendjährigen Eid verwiesen. Als 2018 die Schweizerische Akademie der Wissenschaften SAMW ihre Empfehlungen zum «Umgang mit Sterben und Tod» liberalisierte und sich dafür aussprach, dass ein Arzt nicht nur in Todesnähe, sondern auch in einer «unerträglichen Leidenssituation» Suizidhilfe leisten darf [85], urteilte die Schweizer Sektion von Human Life International: «Neue SAMW-Richtlinien: Die Antithese zum hippokratischen Eid» [86], die Schweizerische Bischofskonferenz ließ verlauten, was sie immer verlauten lässt, nämlich dass jede Suizidhilfe diesem Eid widerspreche [87], und die Standesvertretung derer, um die es ging, der «Berufsverband der Schweizer Ärztinnen und Ärzte» FMH, lehnte die neuen Richtlinien ab. [88]

Hippokrates war seiner Zeit weit voraus. Er hat die Götter als Urheber von Seuchen, Unfruchtbarkeit und Ähnlichem ent-

machtet und erklärt, Schicksalsschläge dieser Art seien Folge von natürlichen und somit erforschbaren Ursachen. Das Dokument, das wir als Hippokratischen Eid bezeichnen, stammt aus dem ersten Jahrhundert, ein halbes Jahrtausend nach Hippokrates' Lebenszeit. In der griechischen und römischen Welt spielte der Eid damals kaum eine Rolle, er wurde erst von den christlichen Kirchen dankbar aufgegriffen und seither von Medizinern repetiert. Bis heute. Einige Regeln in diesem Eid gehören selbstverständlich weiterhin zur ärztlichen Ethik. Aber als Bollwerk gegen die heutige Sterbehilfe ist er unsinnig. Das Genfer Gelöbnis des Weltärztebundes von 1948, zuletzt 2017 revidiert, ist die zeitgemäße Alternative. Es ist offen und weitherzig formuliert, und der letzte Absatz hält die Tür für die ärztliche Suizidhilfe weit offen: «Ich werde, selbst unter Bedrohung, mein medizinisches Wissen nicht zur Verletzung von Menschenrechten und bürgerlichen Freiheiten anwenden.»

Artikel 8 der Europäischen Menschenrechtskonvention schützt das Privatleben, wozu nach gängiger Auslegung in der Rechtsprechung auch gehört, über Art und Zeitpunkt der Beendigung des eigenen Lebens entscheiden zu können. Offenbar achten viele Ärztinnen und Ärzte dieses Menschenrecht, wenn sie für den Sterbewilligen das Rezept ausstellen. Denn schließlich ist ja bei Exit keine Freitodbegleitung ohne die Verschreibung von Natrium-Pentobarbital möglich.

Natrium-Pentobarbital wird seit Anfang der Neunzigerjahre als Sterbemittel verwendet und hat die früheren Medikamentenmischungen abgelöst. Es steht unter der Betäubungsmittelgesetzgebung und ist somit rezeptpflichtig. Daher brauchen wir die Ärzte. Und ja, da hat sich einiges bewegt. Während bis vor nicht allzu langer Zeit ausschließlich galt: Der Arzt weiß, was für den Patienten gut ist, hat sich das inzwischen geändert. Mehr und mehr Ärzte berücksichtigen den Patientenwillen und damit das Menschenrecht immerhin bis zu dem Punkt, dass sie bereit sind, das Rezept auszustellen. Doch die wenigstens sind bereit, die Freitodhilfe auch ohne eine Sterbehilfeorganisation auszuführen.

Sie meinen, die Ärzte nutzen den gesetzlichen Spielraum zu wenig, den ihnen Artikel 115 des Strafgesetzbuchs gibt?

Ja, sie schöpfen ihre Möglichkeiten nicht aus. Vorausgesetzt, der Arzt handelt nicht selbstsüchtig und hält die Sorgfaltspflicht ein, kann er auch allein die Freitodbegleitung mit Natrium-Pentobarbital durchführen. Das Bundesgerichtsurteil von 2006 hat dies nochmals bestätigt. Könnten Sie es heraussuchen und die Stelle vorlesen, an der es um die Verantwortung der Ärzte geht?

Sie meinen diesen Abschnitt? «Wie das Bundesgericht bereits festgestellt hat, ist diesbezüglich heute ein Umdenken in dem Sinne im Gang, dass die Suizidhilfe zusehends als freiwillige ärztliche Aufgabe verstanden wird, die zwar keinem Arzt aufgedrängt werden kann, aber auch aufsichts- bzw. standesrechtlich nicht ausgeschlossen erscheint, solange bei der Untersuchung, Diagnose und Abgabe die ärztlichen Sorgfaltspflichten eingehalten werden.»[89]

Ja, diesen. Er macht erstens deutlich, dass die Ärzte gewisse Sorgfaltspflichten einhalten müssen; es ist jedoch nicht die Rede davon, dass die Suizidhilfe im Rahmen einer Sterbehilfeorganisation geschehen müsse. Zweitens weist er darauf hin, dass die Ärzte nicht verpflichtet sind, Suizidhilfe zu gewähren. Was auch richtig ist. Wir dürfen von den Ärzten nicht verlangen, dass sie zu reinen Erfüllungsgehilfen werden. Dies gilt auch mit Blick auf die Patientenverfügungen. Kein Arzt kann gezwungen werden, gegen seine ärztliche Einstellung zu handeln und einen Patienten von heute auf morgen sterben zu lassen. Das Bedürfnis zu heilen, Leben zu retten, ist tief in ihrem Ethos verwurzelt. Und daher auch hier nochmals ein Wort des Verständnisses für die Ärzte, die meiner Mutter die Magensonde gelegt haben. Dies taten sie in der Hoffnung, ihr noch ein paar gute Altersjahre zu schenken. Es sollte keine Verurteilung der Ärzteschaft sein, als ich Ihnen bei unserem ersten Treffen davon erzählte, wie sehr mich das jahrelange Sterbeleiden meiner Mutter mitgenommen hat. Wenn die Mittel der Lebensverlängerung zur Verfügung stehen, dann ist es schwierig, sie nicht anzuwenden. Aber das ist etwas anderes, als wenn der FMH, der Berufsverband der Schweizer Ärztinnen und Ärzte, es kategorisch ablehnt, Menschen mit Todeswunsch zu helfen.

Warum verschreiben die Ärzte weiterhin nur so selten das Sterbemittel ohne die Einbindung von Exit oder einer anderen Sterbehilfeorganisation?

Die Ärzte sind zu Recht vorsichtig. Denn wenn dieselbe Person das Rezept ausstellt, die auch die Urteilsfähigkeit des Sterbewilligen bestätigt und die Freitodbegleitung durchführt, dann ist dies anfälliger für eine Klage. Wenn hingegen die Staatsanwaltschaft sich darauf stützen kann, dass etwa die Urteilsfähigkeit von einem zweiten Arzt festgestellt wurde, dann ist das ein Schutz für den Arzt, der das Rezept ausstellt. In unserem jetzigen System in der Schweiz haben wir dank der Sterbe-

hilfeorganisationen eine kluge Rollenteilung. Sie trägt zur Vertrauensbildung bei wie auch die Freitoderklärung, die der Sterbewillige unterschreiben muss. Oder das Protokoll des Freitodbegleiters. Beides ist gesetzlich ebenfalls nicht vorgeschrieben.

Wünschen Sie als eine Folge dieser Vertrauensbildung, dass irgendwann die Freitodbegleitung auch ohne Rezept möglich wird?

Ja, auch das. Die Rezeptfreiheit oder Entmedizinalisierung wird dann noch beim Altersfreitod ein Thema werden, den wir als Nächstes besprechen. Doch was Exit schon gelungen ist: Die Organisation hat eine offene Diskussion ermöglicht. Sie ahnen gar nicht, was alles im Verborgenen geschieht! Ich bin wahrscheinlich einer der bestinformierten Leute, wie viel versteckte Sterbehilfe passiert. Oft haben mir grad Ärzte auf dem Land gesagt: «Herr Pfarrer, ich helfe den Menschen, Sie dürfen das wissen. Aber sprechen darüber tue ich mit niemanden.»
　　Einmal wurde ich als Seelsorger zu einer verzweifelten Familie gerufen, die um das Bett ihres schwer leidenden Angehörigen saß, der schon seit Tagen im Sterben lag. Auch der Hausarzt war anwesend. Ich sagte zu ihm: «Können Sie diese Nacht einmal mutig sein?» Er antwortete: «Wie meinen Sie das?» Ich sagte: «Das wissen Sie ganz genau.» Am nächsten Morgen war der Patient tot. Auch in den Spitälern wird geholfen, auch hier verdeckt. Darum ist die ganze Diskussion um die Freitodhilfe trotz aller Veränderungen weiterhin eine Riesenheuchelei.

Mobilisieren nicht inzwischen auch schon allein die Existenz von Exit und die hohen Mitgliederzahlen die Ärztinnen und Ärzte? Vor wenigen Tage erst sprach ich mit einem Freund, der mir vom Tod seiner krebskranken Frau erzählte. Sie lag über Wochen auf der Palliativstation. Eines Nachts wachte und betete er mit ihr, dass sie in den nächsten Stunden sterben könne. Als sie auch am nächsten Morgen noch lebte, habe er in seiner Verzweiflung den Ärzten gedroht, dass er sie nach Hause nehmen und Exit anrufen würde. Beide waren schon viele Jahre Mitglied in der Organisation. Daraufhin hätten die Ärzte endlich eingewilligt, die terminale Sedierung einzuleiten.

Das hat auch mit schlechtem Gewissen zu tun. Lassen Sie mich etwas weiter ausholen. Es gibt keine umfassende Statistik darüber, warum ein Viertel bis ein Drittel der Sterbewilligen den letzten Schritt nicht geht, nachdem mit Exit alles vorbereitet ist. Ich vermute folgende Gründe: Die Vorbereitung kann beruhigen, da sie die Sicherheit eines Ausweges aus der Leidenssituation gibt, würde diese tatsächlich eintreten. Es kommt auch immer wieder vor, dass Hilfesuchende ihre Situation weniger dramatisch als erwartet erleben, jedenfalls nicht auf eine Weise, dass sie Hilfe von Exit brauchen. Die Sterbevorbereitung ist hier ein Teil des Wegs, um über sich selbst Klarheit zu gewinnen. Ein weiterer, häufig unterschätzter Grund kann die Rücksicht auf die Angehörigen sein, wenn diese Angst vor der behördlichen Untersuchung haben – den Polizeiautos vor der Tür, der Leichenschau, den fremden Leuten im Sterbezimmer. Und dann kommt schließlich noch etwas hinzu, was viel zu selten an die Öffentlichkeit dringt: die Ärzte, die doch noch handeln, weil ihnen durch die Vorbereitung des Freitods mit Exit klar wird, dass sie ihren Patienten im Stich lassen. «Wenn es denn wirklich nicht anders geht, dann bin ich auch noch da» – diese oder ähn-

liche Sätze habe ich oft von Ärzten gehört, die die Verantwortung für die letzte Stunde ihres Patienten dann doch noch übernommen haben. Auch schlechtes Gewissen mobilisiert.

Vor etwas mehr als zwanzig Jahren ließ sich ein Patient mit gesteckter Infusion von der Ambulanz aus dem Spital abholen, damit er am nächsten Tag mit Exit zu Hause sterben konnte. Einige Zeit später wurden unter anderem sein Freitodbegleiter und ich – ich war damals Leiter des Teams der Freitodbegleiter – vom Spital eingeladen, um diesen Fall zu diskutieren. Mehrere hundert Menschen, von den Assistenz- bis zu den Chefärzten, füllten den größten Hörsaal bis zum allerletzten Platz. Am Ende der Veranstaltung stand der Oberarzt auf und sagte: «Meine Damen und Herren, hier kommt ein Versagen der Medizin zum Ausdruck. Wenn wir als Ärzte das Thema Freitodhilfe ernster nehmen würden, bräuchte es Exit nicht.»

Rolf Sigg. Der Prix Courage für den «Todesengel»

Barmherzigkeit, Nächstenliebe, Menschenwürde. Die drei Werte sind begehrt. Sowohl die Befürworter wie auch die Gegner der Sterbehilfe beanspruchen sie für sich – und sprechen sie sich gleichzeitig gegenseitig ab. Die Werte sind wie ein Zentralstern, um den sie auf ihren jeweiligen Planeten kreisen.

Freitod heißt es auf dem Planeten der Befürworter, *Selbstmord* auf dem der Gegner, wenn sie über die urteilen, die Sterbehilfe gewünscht und so den Tod gefunden haben. Auf dem ersten Planeten lobt man die mit diesem Wunsch verbundene *Selbstbestimmung,* auf dem anderen verurteilt man die mit ihm einhergehende *Hybris.* Und so lassen sich eine ganze Reihe von weiteren Begriffspaaren finden, die in Diskussionen ausgespielt werden, positiv jeweils der eine Begriff, negativ der andere. Wer sich für die Sterbehilfe einsetzt, zeigt *Zivilcourage,* heißt es auf dem einen Planeten. Nein, es sei *Menschenverachtung,* auf dem anderen. Und wenn der erste Planet im Freitodbegleiter einen *Helden* sieht, dann ist er für den zweiten ein *Todesengel,* ein *Geschäftsmann.* Wird nach der Begründung gefragt, dann verweisen beide Planeten auf den Zentralstern: *Barmherzigkeit, Nächstenliebe, Menschenwürde.* Auf Werte mit Anerkennungsgarantie. Auf Werte als zuverlässige Diskussionsstopper. Vor allem die Menschenwürde dient als ein alles abschließender Punkt. Basta! So ist es! Wäre bloß die Gegenseite nicht auch dort angelangt.

2012 erhält ein Schweizer Todesengel den Publikumspreis «Prix Courage»: Rolf Sigg, reformierter Pfarrer und promovierter Psychologe. Dreißig Jahre zuvor hatte er die Organisation Exit mitgegründet; zwei Jahre später wurde er für dreizehn Jahre ihr Geschäftsführer. Er war ihr erster und über Jahre einziger Freitodbegleiter. «Todesengel» nennt ihn vor allem die in- und ausländische Presse, nachdem er mit dem Sterbemittel auch nach Deutschland gereist war. Als Rolf Sigg den Preis entgegennimmt, im Rollstuhl und «gutsitzendem Frack», wie es bewundernd heißt, ist er 95 Jahre alt.[90] Nun wird er «ein Held» genannt.

Der Preis wird jährlich von der Konsumentenzeitschrift «Der Beobachter» an Persönlichkeiten vergeben, die «unerschrocken und mit Hingabe für eine Idee kämpfen – zugunsten einer offenen, solidarischen und gerechten Schweiz». Wer von den Nominierten – 2012 sind es sieben – den Publikumspreis erhält, entscheidet je zur Hälfte eine Jury, der ehemalige Preisträger angehören, und die Leserschaft der Zeitschrift, also jeder, der will und sich registriert.

Auf der Gala zur Preisvergabe 2012 im festlich dekorierten Studio des Schweizer Fernsehens ist viel Prominenz anwesend. Als der Moderator den Preisträger Rolf Sigg verkündet, wird er als unkonventioneller Held gefeiert – nicht als klassischer. Denn klassische, so heißt es in der Laudatio, würden Leben retten. Und nicht beenden. Rolf Sigg sei vielmehr ein Held, «weil er ein Pfarrer ist, der die Nächstenliebe so versteht, dass sie keine Dogmen hochhält, sondern hilft, den letzten und innigsten Wunsch von Schwerstkranken zu erfüllen, den Wunsch, in Würde zu sterben.»

Der so Gelobte gibt den Preis umgehend an Lucia, seine Ehefrau und ehemalige Mitarbeiterin, weiter. Lucia Sigg war das Leben an der Seite des frischen Preisträgers offenbar nicht leichtgefallen. Hunderte von Begleitungen haben sie zusammen durchgeführt, sie war seine engste Helferin. Der Freitod, so sagt sie rückblickend, sei für sie sehr belastend, er sei schlimm gewesen. Jedes Mal sei sie nachher drei Tage wie weg gewesen. «Am Schluss hat es mir auf meiner Seele so sehr gedrückt, dass ich nicht mehr konnte.»[91]

Und ihr Mann? Der sagt zu seiner Tätigkeit in einem Videointerview, das der «Beobachter» zu seiner Kandidatur produzierte: «Das ist die Krönung gewesen (...). Nur reden von der Nächstenliebe, das ist etwas ganz Gutes, aber das ist zu wenig. Aber etwas machen für den anderen, das ist dann mehr.»[92] Im Begleittext wird er mit den Worten zitiert: «Auch Hilfe zum Freitod gehört zur christlichen Nächstenliebe.»

Die Reaktion vom ebenfalls um die Würde und Nächstenliebe kreisenden, anderem Planeten: «Tatsächlich kann die Beihilfe zum Suizid gar nicht zur christlichen Nächstenliebe gehören: ‹Liebe deinen Nächsten wie dich selbst.› Sie steht auch im Widerspruch zum 5. Gebot: ‹Du sollst nicht töten.›»[93]

Rolf Sigg ruft von seinem Planeten: «Ich assoziiere hier [beim Thema Sterbehilfe] Begriffe wie Würde und Menschlichkeit und bin beinahe stolz darauf, dass ich den Betreffenden zu diesem würdigen Lebensabschluss verhelfen darf.»[94]

Dazu der Vatikan mit Sitz auf dem anderen: «Es geht dabei um die Verletzung eines göttlichen Gesetzes, um eine Beleidigung der Würde der menschlichen Person, um ein Verbrechen gegen das Leben, um einen Anschlag gegen das Menschengeschlecht.»[95]

Wie dehnbar ist doch das Konzept der Menschenwürde, dass es als höchster Wert sowohl zum Schutz der Position der Gegner wie der Befürworter der Sterbehilfe angeführt werden kann! Und so soll hier ein Zitat von Bundesrätin Simonetta Sommaruga aus ihrer Zeit als Vorsteherin des Eidgenössischen Justiz- und Polizeidepartements den Abschnitt abschließen: «Niemand darf meinen, definieren zu können, was Würde am Ende des Lebens bedeutet – es sei denn, für sich selbst.»[96]

Rolf Sigg studierte in Zürich Theologie und später, schon knapp vierzig, noch Psychologie; dieses Studium schloss er mit dem Doktorat ab. Er arbeitete als Pfarrer, als Leiter einer kantonalen Erziehungsberatungsstelle, als Dozent für Psychologie, als Verleger einer von ihm gegründeten protestantischen Zeitschrift – und ab 1985 als Freitodbegleiter. Sein Pfarramt im solothurnischen Grenchen gab er auf, als er vor die Wahl gestellt wurde: Dieses oder das Engagement bei Exit. Er wurde mehrfach in Deutschland verhaftet, verbrachte eine Nacht, dann schon über achtzigjährig, in einer Zelle. Er hatte Natrium-Pentobarbital, das auch in Deutschland unter das Betäubungsmittelgesetz fällt, über die Grenze geschmuggelt und damit einer 91-jährigen Dame geholfen zu sterben.

In einer Publikation von 1998 schreibt er, es seien bis zu diesem Zeitpunkt 370 Begleitungen gewesen.[97] Dass er dafür vieles und Schweres auf sich genommen hat, wurde im Vorfeld der Preisvergabe des Prix Courage immer wieder betont – und darf wohl als ein mitentscheidender Grund dafür gesehen werden, dass er die meisten Publikumsstimmen erhielt.

Die Pionierzeit ist vorbei, der Pioniergeist muss bleiben

Herr Kriesi, Sie haben 1997 bei Exit angefangen. Soweit ich weiß, sind Sie nach Rolf Sigg der zweite Pfarrer gewesen, der sich bei Exit engagiert hat. Wie haben Sie einander verstanden?

Wir haben uns nur zweimal gesehen – und da war er sehr zugeknöpft. Rolf Sigg hatte ja bei Exit nicht freiwillig zu dem Zeitpunkt aufgehört, als ich in seine Fußstapfen trat. Er war mit diesem Wechsel gar nicht einverstanden. Er war die dominierende Person bei Exit, sehr durchsetzungsstark. Ein rechter Sturkopf.

Klingt ganz so, wie Weggefährten auch Sie beschreiben. Hätte turbulent werden können, wären Sie beide aneinandergeraten!

Besser nicht. Die Phase, in der ich bei Exit anfing, war turbulent genug. Wir werden noch darauf zu sprechen kommen. Wofür ich Rolf Sigg bewundere: Er hat in eigener Verantwortung, ausschließlich gestützt auf den Entscheid des Vereins und Artikel 115, Polizei und Behörden vor vollendete Tatsache gestellt. Was wäre wohl geschehen, hätten er und die anderen Pioniere sich zuvor bei den Staatsanwaltschaften, den Kantonsärzten oder den verschiedenen politischen Gremien absichern wollen, ob man aufgrund des erwähnten Artikels tatsächlich wiederholt Menschen in den Tod begleiten durfe?
Rolf Sigg und die anderen Pioniere haben gehandelt und

nicht unendliche Diskussionen geführt. Sie haben sich nicht darum gekümmert, ob sie in der Gesellschaft eine Mehrheit finden würden. Sie standen hin und taten, was sie für richtig hielten – innerhalb unserer Gesetzgebung, aber diese großzügig interpretierend. Endlich keine verdeckte Sterbehilfe mehr, wie sie ja überall praktiziert wurde – und weiterhin wird!

Rolf Sigg verlor seine Stelle als Pfarrer, weil vor allem in kirchlichen Kreisen die Opposition gegen die Sterbehilfe mächtig anschwoll. Die Pioniere stießen auf breiten gesellschaftlichen Widerstand, den sie aushalten mussten. Die heutige Arbeit bei Exit mutet fast wie eine Sonntagsschule an, wenn man sie mit den Anfängen vergleicht.

Sonntagsschule? Wünschten Sie, Exit würde wieder wie damals vorwärtspreschen? Ohne sich vorher des gesellschaftlichen Rückhalts zu versichern? Austesten, was so alles möglich sei, ohne die Diskussion mit Öffentlichkeit und Politik zu suchen?

Nein, das ist nicht meine Position. Es ist wohl gar nicht anders möglich, als dass eine Organisation nach der Pionierphase zur Ruhe kommt und sich entsprechend ihrer wachsenden Mitgliederzahl und Verantwortung professionalisiert. Dazu gehörte etwa: die Trennung von Vorstand und operativer Geschäftsführung, Ausbau von Kommunikation und Öffentlichkeitsarbeit, die Zusammenarbeit mit den Behörden, die Einführung einer Geschäftsprüfungskommission und einer Ethikkommission, die Ausarbeitung von Reglementen, die Ausbildung von Freitodbegleiterinnen und -begleitern. Damit will ich nicht sagen, dass unseren Pionieren, die sich häufig in einem Graubereich bewegten, nicht auch Fehler unterlaufen wären und sie nicht auch innerhalb von Exit viel Kritik einstecken mussten. Doch die Pionierphase ist vorbei. Und das ist gut so. Exit hat viel erreicht. Aber der Geist der Pioniere darf nicht sterben. Es darf sich keine beamtenhafte Ängstlichkeit ausbreiten.

Ein Beispiel?

Ich denke an all die alten Menschen, die fühlen, dass sich der Sinnkreis des Lebens für sie geschlossen hat. Die zu der Erkenntnis gelangt sind, dass ihr Lebenszyklus an seinem Ende angekommen ist. Es sind Hochaltrige, die nicht an unerträglichen Schmerzen oder an einer Krankheit leiden, die innert Kürze zum Tode führt. Also Hochaltrige, die noch Monate, wenn nicht gar Jahre leben könnten, die jedoch lebenssatt sind. Selbst Ärzte, die prinzipiell bereit sind, Natrium-Pentobarbital zu verschreiben, sagen hier noch häufig Nein. Hier müssen wir mutiger nach Wegen suchen, wie die ganze Bürokratie, der Zugang zum Sterbemittel erleichtert werden kann. Mit der einen Hand gibt der Staat die Freiheit, über die Stunde des eigenen Todes zu bestimmen, mit der anderen Hand verweigert er uns Alten die Mittel, dies auf würdige Weise zu tun, ohne bei den Ärzten vorsprechen und betteln zu müssen.

Wählte deshalb Walter Baechi, der Gründer von Exit, im Jahr 1989 mit achtzig Jahren den Freitod ohne Exit?

Natrium-Pentobarbital war damals als Sterbemittel noch gar nicht bekannt, es wurde von Exit erst 1991 etabliert. An einem fehlenden Rezept kann es also nicht gelegen haben. Übrigens waren die Statuten schon von Beginn an so formuliert, dass sie Raum für den Altersfreitod ließen. Es hieß ja schon damals im Zweckartikel, dass bei hoffnungsloser Prognose, bei unerträg-

lichen Beschwerden oder unzumutbarer Behinderung der begleitete Suizid ermöglicht werden kann.

Ich denke, dies wird klarer, wenn wir als Nächstes die Geschichten von Herrn Wyrsch und Ihrem Freund, dem Staatsanwalt, aufschreiben.

Der italienische Philosoph Norberto Bobbio, damals über neunzig, hat einmal gesagt: «Wer dem Alter noch nicht ins Gesicht geschaut hat, soll es nicht rühmen»...

... aber es auch nicht bemängeln. Ich bin nun doch noch eine rechte Strecke von seinem und Ihrem Alter entfernt, sollte ich es überhaupt je erreichen. Ich höre also zu.

WERNER KRIESI ERZÄHLT

R. Wyrsch. Ein katholischer Priester hat genug

Als ich Herrn Wyrsch anrufe, um das Erstgespräch zu vereinbaren, teilt er mir in aller Ruhe und in höflichem Ton mit, er brauche keine Beratung, sondern nur technische Hilfe. Er sei geweihter katholischer Priester im Orden der Salesianer und zugleich Psychotherapeut mit eigener Praxis. Überdies kenne er den Ablauf einer Freitodbegleitung, weil er dabei war, wie die Frau eines Freundes mit Hilfe von Exit gestorben sei. Für ihn sei alles mehr als klar. Er wolle weder mich noch irgendjemanden sonst von Exit zur Abklärung und Vorbereitung treffen. Als er sich nach meinem Beruf erkundigt, legt er nach: Ich wolle ihm doch bestimmt christlichen Trost spenden oder, noch schlimmer, seinen Sterbewunsch nicht anerkennen. Darauf sei er hochallergisch.

Ich sage, ich könne nur zu gut seine Allergie auf jegliche Trösterei teilen, ein Erstgespräch sei jedoch bei Exit aus verschiedenen Gründen üblich. Außerdem seien heutzutage das Rom der Katholiken und das Wittenberg der Lutheraner nur noch zwei Flugstunden voneinander entfernt, und so seien wir schon allein deswegen sehr in die Nähe voneinander gerückt. Da musste er lachen. Und so ergab sich schließlich ein wohlwollendes Telefongespräch von fast einer Stunde, an deren Ende er schließlich in einen Besuch einwilligte, sich sogar darauf freute.

Als wir uns einige Tage später im Zimmer seines Heims gegenübersitzen, finden wir rasch zu einer ruhigen Vertrautheit. Er erzählt, er habe befürchtet, sein Sterbewunsch könnte abgelehnt werden. Es handle sich ja bei ihm um einen reinen Bilanzsuizid. Er verfolge die Publikationen über die Tätigkeit von Exit, und es sei ihm aufgefallen, dass ständig die «hohen Anforderungen» betont würden, die zu erfüllen seien, damit eine Freitodhilfe bewilligt werden könne. Seinem Verständnis nach verhalte sich die Organisation da widersprüchlich und würde dem Versprechen der Selbstbestimmung nicht gerecht werden.

Mit wachem Interesse vernehme ich, wie ihn sein Lebensweg in früher Jugend ins Priesteramt führte, nachdem er in Kindheit und Jugend streng konservativ-katholisch sozialisiert worden war. Wir staunen über die Parallelen unserer beider Wege und empfinden es als Wohltat, uns darüber auszutauschen. Himmel, Hölle und Fegefeuer, Engel, Teufel und letztes Gericht, Gottes Zorn und liebevolle Gnade, alles in unauflöslichen Widersprüchen, kommt uns in allen Facetten wieder ins Bewusstsein. Herr Wyrsch erinnert sich an die «gottesdüstere Gestalt» seines damaligen Pfarrers, und ich erzähle, wie ich mit dem Heidelberger Katechismus aus dem 17. Jahrhundert traktiert wurde.

Seine entscheidende Loslösung von autoritärer Frömmigkeit geschah durch den Eintritt in den Orden der Salesianer, die neben den Jesuiten, Benediktinern und Franziskanern eine der größten Männerordensgemeinschaften der römisch-katholischen Kirche sind. Franz von Sales, der 1622 in Lyon starb, war Mystiker und Kirchenlehrer. Wer salesianisch lebt, der lebt in der Gegenwart des uneingeschränkt liebenden Gottes. Eines Gottes, der uns hilft, einander auf liebenswürdige, positive und herzliche Weise zu begegnen. Auf diese Weise schenkt er uns ein Leben in Fülle bis hinein ins Sterben. Diese salesianische Spiri-

tualität verhalf Herrn Wyrsch zu den ersten Schritten einer persönlich gelebten Freiheit.

Die seelischen Konflikte, die sich gegenüber der offiziellen katholischen Doktrin ergaben, führten dazu, dass Herr Wyrsch in fortgeschrittenem Alter das Priesteramt verließ, jedoch ohne den Status eines geweihten Priesters zu verlieren. Er nahm Kontakt zum Szondi-Institut in Zürich auf und durchlief dort eine psychotherapeutische Ausbildung.

Leopold Szondi – er lebte von 1893 bis 1986 – gilt als Begründer der schicksalsanalytischen Psychotherapie mit dem Leitsatz: «Nimm das Schicksal in deine eigene Hand». Diese Therapierichtung behandelt Menschen, die unter dem Zwang leben, religiöse Traditionen, gesellschaftliche Vorgaben und auch familiäre und elterliche Lebensmuster ungefragt zu wiederholen. Die entscheidende Frage lautet daher: Wie kann und will ich im Kontext des familiären, weltanschaulichen und religiösen Erbes mein individuelles Leben selbstbestimmt gestalten? Vor diesem Hintergrund ist die gelebte Autonomie, bis hin zum Sterbeentscheid, das Ergebnis eines im weitesten Sinne therapeutischen Prozesses. So sieht es jedenfalls Herr Wyrsch.

Er spricht noch von vielem. Von C. G. Jung, der Autonomie als gelebte Individuation versteht. Er bringt Luther zur Sprache, der unter Lebensgefahr der Diktatur der päpstlichen Kirche die Stirne geboten hatte. Auch Jesus führt der Priester an, denn dieser habe die Kühnheit besessen, der rabbinisch und sadduzäisch festgefügten theokratischen Theologie zu widersprechen: «Den Alten ist gesagt worden, ich aber sage euch», so ist in der Bergpredigt des Matthäusevangeliums zu lesen. Die Eigenverantwortung über unser Leben, bis hin zum Sterbeentscheid, lässt sich also nicht nur durch philosophische Aufklärung oder therapeutische Prozesse erreichen, sondern auch durch ein aufgeklärtes Lesen der Bibel und durch die Beschäftigung mit der Geschichte der Theologie. Hier finden sich zu allen Zeiten Menschen, die vorgegebene Autoritäten infrage gestellt haben. In solch weitgesteckten Horizonten begründet mein Gegenüber seinen Entscheid zum selbstbestimmten Sterben.

Das Gespräch mit Herr Wyrsch empfinde ich als Wohltat. Seine gereifte innere Freiheit, seine Ruhe und Gelassenheit, seine sprachliche Klarheit, sein freundliches und gewinnendes Wesen, seine Unabhängigkeit gegenüber allem Gerede und Geschreibe gegen die selbstbestimmte Todesstunde, das er unberührt an sich vorbeiziehen lässt, waren für mich in jedem Moment gleichsam greifbar. Ohne katholische Gewissensqualen hatte sich ihm der Weg geöffnet, sein greises Leben durch den Freitod zu beenden.

Die Jungen sollen das Maul halten

Während ich in der Küche einen Kaffee koche und Milch erwärme, sortiert Werner Kriesi Notizen, Pressemitteilungen und Zeitungsseiten, die sich im vergangenen Jahr bei ihm zu Hause angesammelt haben. Als ich zurückkomme, hält er mir eine Seite entgegen, auf der er Ausschnitte aus der Sonntagspredigt einer reformierten Pfarrerin notiert hat, die kürzlich in einer Lokalzeitung abgedruckt war. Verärgert liest er vor:

«Anstatt … das Sterben zu ‹organisieren›, wäre es wichtig, Schwachheit, Schmerzen, und Abschied(e) ins Leben zu integrieren, sich ihrer anzunehmen, sie mitzutragen. Dann ist auch die Erfahrung möglich, dass ‹Gottes Kraft im Schwachen mächtig ist› …, die Erfahrung, dass einem in schweren Stunden Kräfte zuwachsen, die man vorher nicht hatte.»

Er zeigt auf ein Foto der Pfarrerin: «Leute, die so jung sind, sind inkompetent, wenn es um den Altersfreitod geht. Solche Sätze in diesem Alter sind anmaßend.»

Am meisten entrüstet ihn die Passage über diejenigen, die für einen Freitod mit Exit das Seniorenheim verlassen müssen, weil Exit kein Zutritt gewährt wird: «Viele Pflegende, die sich rührend bemüht haben, einem alten Menschen die Schmerzen zu lindern und ihn aufzuheitern, fühlen sich traurig und übergangen, wenn sie mitansehen müssen, wie jemand zum Sterben abtransportiert wird».

«Abtransportiert!», entsetzt sich Werner Kriesi. «Wie kann man nur so über Menschen im hohen Alter sprechen, die sich für einen Freitod entschieden haben und nun gezwungen sind, den vertrauten Ort zu verlassen.» An den Rand des Zeitungsausschnitts hat er mit drei Ausrufezeichen notiert: «Junge, Gesunde, Maul halten!!!»

Herr Kriesi, Sie sagen, dass es sich bei Herrn Wyrsch um einen Bilanzsuizid gehandelt habe. Ist nicht jeder Freitod, den Exit begleitet, ein Bilanzsuizid insofern, als er nicht aus dem Affekt, einer Lebenskrise oder einer Depression erfolgt?

So gesehen, haben Sie recht. Doch es ist ein Unterschied, ob man als Dreißig- oder als Neunzigjährige Bilanz zieht. Eine junge Tetraplegikerin, die bei Exit um Freitodhilfe bittet, kann nicht voraussehen, ob sie in den vielen Jahrzehnten, die noch vor ihr liegen, einen Sinn finden wird. Sie kann nicht wissen, ob sie etwa eine Partnerschaft, eine Gemeinschaft, eine Beschäftigung findet, die sie auffängt. Eine Neunzigjährige hingegen hat ihr Leben gelebt, ihre innere Entwicklung ist weitgehend abgeschlossen. Sie kennt sich selbst gut genug, um zu bilanzieren, ob sie diese letzte Lebensphase bis zum letztmöglichen Tag erleben will: täglich Dutzende Medikamente, abnehmendes Seh- und Hörvermögen, Inkontinenz, Rollstuhl, zunehmende Pflegeabhängigkeit. Hinzu kommt, dass ihr sozialer Tod oft schon eingetreten ist, da Lebenspartner und fast alle Menschen, mit denen sie ihr Leben geteilt hat, bereits gestorben sind.

Wieso ist der Altersfreitod erst im letzten Jahrzehnt so stark ins öffentliche Bewusstsein gerückt und auch skandalisiert worden? Zuvor, so mein Eindruck, wurde kaum über ihn diskutiert. Gab es ihn damals nicht? In einem Interview 1987 mit der «Schweizer Illustrierten» betonte der Exit-Gründer Walter Baechi, dass bei Exit nur die Begleitung «Schwerstkranker oder schwer Invalider» möglich sei. Über den Altersfreitod sprach er nicht.[98]

Wie schon bemerkt, die Statuten hätten die Begleitung von sterbewilligen Hochbetagten von Beginn an gestattet. Doch die Gesellschaft war damals noch nicht so weit. Meines Wissens hat der erste von Exit begleitete Freitod, der nachträglich als klassischer Altersfreitod bezeichnet werden kann, um 2005 stattgefunden.

Klassisch heißt?

Der Mann war nicht sterbenskrank, er hätte noch weiterleben können. Doch für ihn galt, was Paul Améry treffend so ausgedrückt hat: Der alternde Körper wird immer mehr Masse und immer weniger Energie.

Ich habe den Eindruck aus Ihren Erzählungen, dass auch die Betroffenen selbst, also die lebenssatten und -müden alten Menschen, während der vergangenen Jahrzehnte immer selbstbewusster wurden und es daher wagten, die Option des begleiteten Freitods in Betracht zu ziehen.

Auch dies ist ein Grund. Er hängt damit zusammen, dass wir Alten immer älter werden. Das erste und auch zweite Jahrzehnt nach 65 ist ja heutzutage dank des hohen Lebensstandards und der Medizin fast kein Alter mehr. Der Sprung in die Hochaltrigkeit dagegen, die Lebensphase ... ja, sagen wir die Phase ab 85, die immer mehr Menschen erleben, die ist physisch, psychisch und seelisch etwas Neues, das es vorher nicht gab.

Sie meinen, mit dieser Phase müssen wir erst lernen umzugehen?

Ich habe es an mir selbst beobachtet: Zwischen 75 und jetzt – dazwischen liegen Welten. Das habe ich nicht erwartet. Dieses Hochalter, in dem ich mich jetzt befinde, ist ein vollkommen neues Lebensgefühl.

Sie haben immer wieder davon erzählt. Gerne ausführlicher ...

Nein, verschieben wir das auf später. Außerdem ...

Ich denke nach wie vor, dass es wichtig ist, dass Sie mehr von sich erzählen. Doch warten wir ab und bleiben erst einmal bei Exit. 2014 ergänzten die Mitglieder an der Generalversammlung den Zweckartikel der Statuten um folgenden Abschnitt: «Exit engagiert sich für den Altersfreitod und setzt sich dafür ein, dass betagte Menschen einen erleichterten Zugang zum Sterbemittel haben sollen.»

Worauf die Vorstände der drei Schweizerischen Gesellschaften für Gerontologie, Geriatrie und Alterspsychiatrie umgehend ein gemeinsames Positionspapier veröffentlichten: «Suizidbeihilfe für alte Menschen». Hier, ich habe es dabei ...

Ich lese den Anfang vor: «Der sogenannte Altersfreitod bewegt viele. Die Diskussion ist von der Suizidbeihilfeorganisation Exit angestoßen worden ... SGG, SFGG und SGAP verfolgen diese Bestrebungen und die öffentlichen Debatten mit Sorge. Sie fordern ein klares gesellschaftliches Engagement für ein gutes Leben bis zuletzt und nicht einen erleichterten Zugang zum Sterbemedikament.»[99]

Als ob das ein Gegensatz wäre! Grad weil Exit auch die hochaltrige Phase als zunehmend selbstverständlich zum Leben gehörend wahrnimmt, haben wir uns auch gegenüber den damit verbundenen psychischen Veränderungen geöffnet. Wir treten für den Altersfreitod ein, grad weil er manchen Menschen ein gutes Leben bis zuletzt ermöglichen kann. Wie oft zuvor: Ich sage nicht «allen Menschen», sondern «manchen».

Die von den Gesellschaften und vielen Fachpersonen vertretene Alternative ist: bessere Diagnose und Therapie der Altersdepression.

Das hören wir ständig: Die Depression braucht nur fachgerecht behandelt zu werden, dann tritt der Wille zum Sterben in den Hintergrund. Doch das Hochalter hat seine eigene Art von Depression. Eine Altersdepression ist ein chronisches Trauergefühl, weil die geliebten Menschen gestorben sind und die Einsamkeit zunimmt. Dies vermischt sich mit der Trauer über allerlei Ungelöstes in der Vergangenheit. Für mein Verständnis gehört die Altersdepression zum alten Menschen wie die runzelige und fleckige Haut, die ja in diesem Zustand auch nicht wirksam behandelt werden kann.

Ich gehe noch einen Schritt weiter: Die Altersdepression bedeutet eine natürliche, fast hätte ich – etwas vermessen – gesagt, gottgewollte Erscheinung, die uns Alten hilft, uns ohne Verzweiflung und Erbitterung vom Leben zu lösen. Alles, was in früheren Zeiten beglückte, hat dank diesem Zustand, dank dieser – unglücklicherweise so genannten – «Altersdepression» seinen Reiz und seine Bedeutung verloren. Uns Hochalten fällt es so leichter, den entscheidenden Schritt zu tun. Diese chronische Traurigkeit schränkt die Urteilsfähigkeit in keiner Weise ein, sondern schärft den Blick für den Zustand, in dem wir uns befinden.

Oft wird kritisiert, die Befürworter des Altersfreitods lehnten die Gebrechlichkeit und Hinfälligkeit ab. Hans Küng bemerkte etwa zu den Reaktionen auf ein Interview mit Anne Will 2014, dass den Verteidigern eines selbstbestimmten Sterbens wie ihm immer wieder falsche Haltung und schiefe Motive untergeschoben werden, etwa wenn unterstellt wird, dass sie krankes und gebrechliches Leben geringschätzen würden.[100]

In meiner «Ergänzung zur Patientenverfügung» bekenne ich, dass ich mein Leben nicht in einem Alters- oder Pflegeheim als pflegebedürftiger alter Mensch beenden will. Doch dass ich nicht nach einem langen Alterssiechtum sterben möchte, heißt nicht, dass ich den altersschwachen, hinfälligen Körper geringer schätze als den starken, vitalen. Ich schätze auch die Pflege von Menschen nicht gering. Im Gegenteil. Ich habe höchsten Respekt vor der Arbeit, die in Alters- und Pflegeheimen geleistet wird. Jeder alte Mensch, der das will, soll das Recht haben, sich betreuen zu lassen, bis der Tod ihn erlöst. Doch jeder Mensch, der sich nicht pflegen lassen will, soll auch umgekehrt das Recht haben, sein Leben, in dem er keinen Sinn mehr sieht, zu beenden. Beide Wege sind Folgen unterschiedlicher Erfahrungen und Lebenseinstellungen. Sie sollten nicht gegeneinander ausgespielt werden.

2017 gehörten Sie zu einem Komitee, das Exit vorschlug, eine Kommission zum Altersfreitod einzusetzen, um zu diskutieren, wie alte Menschen einen erleichterten Zugang zu Natrium-Pentobarbital erhalten könnten. An der Exit-Generalversammlung sagten Sie, dass Sie es nicht einsähen, weshalb es eine von einem Arzt ausgestellte «Lizenz zum Sterben» geben müsse. Die Abgabe von Natrium-Pentobarbital müsse entmedizinalisiert und die Rezeptpflicht abgeschafft werden. Sie riefen – unter großem Applaus – zum Mut auf, die Sache anzupacken.[101] Wie ist Ihre Position heute?

Bei der Entmedizinalisierung geht es nicht darum, dass die Ärzte aus der Verantwortung genommen werden, sondern dass ihre Dominanz zurückgestuft wird. Es gibt hier ein Sowohl-als-auch. Einerseits ist die verantwortliche Mitwirkung der Ärzteschaft nötig, da ohne sie die Freitodhilfe in der Gesellschaft wohl nicht akzeptiert würde. Mitwirkung bedeutet, dass die Verschreibung des Sterbemittels durch die Ärzte gesetzlich vorgeschrieben bleibt, auch wenn die Rezeptpflicht fallen würde. Sterbehilfe würde also weiterhin immer auf einer Diagnose basieren, die von den Ärzten stammt.

Das verstehe ich nicht. Die Rezeptpflicht fällt, aber dennoch müssen Ärzte das Mittel weiterhin verschreiben? Wo liegt der Unterschied? Die Ärzte müssten die «Lizenz zum Sterben» so ja weiterhin ausstellen.

Mein Grundgedanke ist, dass die gesellschaftliche Akzeptanz der Sterbehilfe stark von der Mitwirkung der Ärzte abhängt. Keine Ärztin, kein Arzt ist verpflichtet, das Rezept für das Sterbemittel auszustellen. Dies hängt von der jeweiligen Lebenshaltung, vom persönlichen Ethos ab. Aber jeder Arzt hat die gesetzliche Pflicht, seinen Patienten eine Diagnose zu stellen, wenn sie danach fragen. Und der Patient ist frei, was er damit macht.

Er kann also die Diagnose Exit überreichen – und dann?

Dann entscheidet Exit, ob sich die Diagnose mit den gesetzlich vorgeschriebenen und selbst gegebenen Grundsätzen deckt, einen Patienten in den Tod zu begleiten.

Und das Rezept?

Das stellt dann einer der mit uns zusammenarbeitenden Konsiliarärzte aus.

Sie sagten vorhin, dass die Ärzte nicht aus der Verantwortung genommen werden, sondern dass ihre Dominanz zurückgestuft werden müsste. Es gäbe hier ein Sowohl-als-auch. Was ist nun neben dem *Sowohl* – die Ärzte behalten eine Schlüsselrolle bei der Sterbehilfe und erstellen die Diagnose und, je nachdem, das Rezept – das *Auch*?

Im Grunde meines Herzens: Dass die Autonomie des Menschen akzeptiert und er nicht dem Willen eines anderen unterworfen wird. Sodass die Alten nicht zu Bittgängern bei den Ärzten werden müssen.

Das passt nicht zum *Sowohl*.

Der Widerspruch steckt in mir. Ein Mensch, der Freitodhilfe in Anspruch nimmt, muss gewisse Dinge in Kauf nehmen. Einerseits sollten alte Menschen nicht gedemütigt werden, weil sie von irgendjemandem eine Bewilligung brauchen. Andererseits beanspruchen sie Hilfe, und daher muss der andere Mensch, der die Hilfe gibt und somit Verantwortung übernimmt, bestimmte Bedingungen setzen dürfen. Ob es der Apotheker ist oder der Arzt, egal welche Berufsgruppe: Sie müssen Bedingungen stellen können. Sonst macht man sie zu Automaten. Und warum nicht die Ärzte weiterhin in die Verantwortung nehmen, da ihr Stand ein hohes Ansehen genießt?

Damit sind Sie deutlich weniger radikal als noch vor wenigen Jahren auf der Generalversammlung, als Sie die Abschaffung der «ärztlichen Lizenz zum Sterben» vergleichsweise kompromisslos forderten.

Ich sehe schon immer Exit in der Verantwortung, Diskussionen anzustoßen und zu fördern, die in der Gesellschaft im Kern schon vorhanden sind, aber noch nicht öffentlich diskutiert werden. Aber wir sollten – und dies war das Ergebnis der Diskussionen im Komitee – nicht an der Gesellschaft vorbeipolitisieren, wir dürfen nicht mit dem Kopf durch die Wand, wenn die Menschen noch nicht weit genug sind.

Sie meinen, Sie würden sonst Selbstbestimmung in Bereichen zu erzwingen versuchen, wo noch zu wenige nach Selbstbestimmung suchen?

Wir müssen den Entwicklungen in der Gesellschaft nicht vorauseilen. Wir dürfen das Wohlwollen und Vertrauen gegenüber Exit, die Kooperation der Ärzteschaft und der Behörden nicht verspielen, indem wir jetzt vorpreschen und zu radikale Forderungen stellen. Wenn man am Gras zupft, wächst es nicht schneller. Vor allem wir Alten sind gefordert, wir müssen uns der Frage stellen, «ob der letzte Teil des Lebens nur Bodensatz ist oder etwas ganz Klares und Reines». So hat es der römische Philosoph Seneca in einem Brief an einen Freund formuliert. Er schreibt weiter, dass viel darauf ankommt, «ob jemand sein Leben verlängert oder den Tod».[102] Schreiben Sie etwas über ihn?

Ja, mach' ich. Aber lassen Sie uns zuvor noch den Spaziergang auf dem Albis zu Papier bringen.

WERNER KRIESI ERZÄHLT

Spaziergang auf dem Albis

Eines Tages – ich erzählte schon von ihm – kam er in meine Sprechstunde: «Herr Kriesi, ich befasse mich mit meinem Abgang.» Er war ein ehemaliger Staatsanwalt, 74 Jahre alt, hatte keine schweren Krankheiten, fühlte sich fit. Seine Ehefrau war erst vor einem Jahr nach langer Leidenszeit an Krebs gestorben. Dies wühlte ihn noch immer sehr auf.

In den folgenden zwölf Jahren unternehmen wir lange Touren in die Umgebung von Zürich, Bern, Luzern. Unser letzter Ausflug führt uns über den Albis, den Bergrücken westlich des Zürichsees. Auf knapp neunhundert Metern Höhe ein Aussichtsturm. Wir steigen die 150 Stufen der hölzernen Wendeltreppe bis weit über die Baumwipfel hinauf: Eine 360-Grad-Aussicht vom Jura über Eiger, Mönch und Jungfrau, Pilatus, Rigi, Zugersee, Zürichsee, Glarner Alpen, Säntis, Schwarzwald – ich bin überwältigt. Die dichtbewaldeten Hügel, dann das Grün im Tal, das helle Blau der Seen, die schneebedeckten Berge, die sich scharf vor dem glasklaren Himmel abheben. Es ist Föhn. Lange stehen wir schweigend nebeneinander und schauen: Dann sagt er: «All das berührt mich nicht mehr.»

Schon vor einiger Zeit habe er feststellen müssen, dass seine Sinne sich abgestumpft hätten. Es sei, als wenn die «Membranen seiner Seele» nicht mehr so schwingen könnten wie in früheren Zeiten. Das schönste Konzert, das früher tagelang in seinem Innern nachgeklungen habe, lasse ihn nun trauriger weise kalt. Sonnenaufgänge auf Bergtouren hätten in ihm früher tief be-

glückende Emotionen geweckt, die ihn den ganzen weiteren Tag beschwingt hätten. «Das ist vorbei», fährt er fort, «ich schaue hin – und fühle nichts.»

Ein Freund, Psychiater von Beruf, hätte dieses Phänomen als Altersdepression gedeutet und ein Medikament empfohlen. Doch für ihn befänden sich diese Erfahrungen – und da kann ich mich inzwischen so einfühlen! – in einer völlig anderen Dimension. Er drückt es so aus: «Meine Seele zieht sich vom Leben zurück, sie stirbt ab, da gibt es nichts zu therapieren, das spüre ich genau.»

Während wir den bewaldeten Bergkamm entlanggehen, erzählt er, dass ihn der Kontakt zu seinen Kindern und Enkeln seltsam kühl lasse. Von seinen verbliebenen Freunden ziehe er sich mehr und mehr zurück. Einige fänden, er sei ein seltsamer Kauz geworden. Die übliche Männergeselligkeit, die er besonders nach der Pensionierung schätzen gelernt habe, stoße ihn plötzlich ab. Gutes Essen bedeute ihm nichts mehr, Wein schmecke komisch, es sei, wie wenn seine Geschmacksnerven schon im Sterben lägen. Er sei daher froh, dass seine Frau nicht mehr am Leben sei, sie würde ihn wohl nicht mehr ertragen.

Linker Hand öffnet sich eine Lichtung, und wir überqueren sie bis zum Felssturz, gehen so nah wie möglich an dessen Rand und betrachten in der Ferne vor dem noch immer glasklaren Himmel die Alpenkette, schwarzer Fels schimmert durch den Schnee. Er resümiert: «Meine Freudlosigkeit bedrückt und ekelt mich. In der mönchischen Tradition des Mittelalters, so habe ich gelesen, brauchte man für meinen Zustand den lateinischen Ausdruck taedium vitae, übersetzt: Überdruss, Widerwille, Ekelgefühle dem Leben gegenüber. Ich bin im Vorhof des Sterbens.»

Ich denke, dass nur wenige alte Menschen in der Lage sind, auf diese Weise ihren inneren Zustand zu beschreiben. In Alters- und Pflegeheimen drücken sich Menschen, die auf diese Weise leiden, nicht verbal, sondern mit ihrer ganzen Körperhaltung aus – vor allem mit ihrem erloschenen Gesichtsausdruck. Der Körper kann nicht lügen! Es kann ja sein, dass Medikamente dieses Leiden etwas zu dämpfen vermögen. Doch ohne einem therapeutischen Nihilismus das Wort zu reden zu wollen, zweifle ich an einer wirksamen Therapierbarkeit. Ich verstehe meinen Freund, auch weil ich spüre, dass ich selbst immer näher an diesen Zustand gelange.

Wir fahren mit der Seilbahn hinab, essen in einem Restaurant am See zu Abend. Drei Wochen darauf erleidet er einen Hirnschlag. Nach einer Notoperation im Spital erholt er sich von einer halbseitigen Lähmung, bleibt jedoch sprachbehindert.

Alles Weitere habe ich schon erzählt. Wie wir uns ein letztes Mal in dem Seerestaurant trafen, in dem wir so oft gesessen hatten und er das Datum festlegte. Dann der «Altherrennachmittag». Ich denke oft an diese letzten Stunden mit ihm.

Seneca: Sterben lernen heißt leben lernen

Wenn das Alter, so der Philosoph Seneca, «den Verstand zu erschüttern beginnt, wenn es Teile von ihm zu zerstören beginnt, wenn es mir nicht das Leben, sondern nur noch Lebenshauch zurücklässt, dann werde ich aus dem morschen und einstürzenden Gebäude springen.»[103]

Es wird anders kommen. Als Seneca über sechzig ist, zählt er sich zwar zu den Hinfälligen, doch sein Verstand ist klar, die Lebenskraft ungebrochen. Er könnte wohl noch Jahre leben, so glücklich und in Seelenfrieden wie ein Philosoph im römischen Kaiserreich nur zu leben vermag. Doch der rasende Nero lässt ihm keine Wahl. Als der Kaiser im Jahr 65 knapp einem Anschlag entgeht, verdächtigt er den Philosophen – immerhin sein ehemaliger Erzieher und Berater –, an der Verschwörung beteiligt gewesen zu sein. Und so schickt er seine Boten zu Seneca, der in diesen Tagen auf seinem Landgut in der Nähe Roms weilt. Die Nachricht ist knapp: Er habe sich zu töten. Sofort.

Dem Befehl Folge zu leisten gelingt erst beim dritten Versuch. Seneca schneidet sich die Pulsadern auf – das Leben bleibt. Er trinkt einen Becher mit Gift – vergeblich. Erst als er sich in ein heißes Dampfbad setzt, das das Atmen verunmöglicht, ist der Befehl Neros ausgeführt. So jedenfalls berichtet der Geschichtsschreiber Tacitus rund fünfzig Jahre später in seinen «Annalen».[104]

Wie auf der Theaterbühne, aufrecht und gelassen, scheint Seneca vor den Augen der Welt zu stehen, die Sätze sind überlegt, kein Wort zu viel, keine Klage, kein Hadern, kein Ausweichen, keine Angst. Er stirbt, wie es das Ideal des stoischen Weisen verlangt und die Nachwelt es braucht. «Schlecht wird leben, wer nicht versteht, gut zu sterben»[105], so schrieb Seneca Jahre vor seinem Tod. Sein von der Überlieferung als gut interpretiertes Sterben – erzwungen, aber souverän! – wird zum Nachweis seines guten und somit gelungenen Lebens.

Ruhm in Rom war der Ruhm des Kriegshelden. Erfolg auf dem Schlachtfeld versprach Unsterblichkeit über den Tod hinaus. Näher konnte man den Göttern nicht kommen. Doch für Seneca galt diese Art des Strebens nichts. Der durch die «Leidenschaft für den Krieg» erlangte Ruhm trage, so schreibt er, weder zum Lebensglück noch zur Seelenruhe bei. Ebenso wenig wie «rastlose Geschäftigkeit», der «ewig nach dem Urteil anderer schielende Ehrgeiz» oder der «Drang, Handel zu treiben».[106] Doch was sonst?

Für Seneca gibt es nur einen Weg: den Weg der Vernunft und somit des Philosophierens. Nur wer philosophiert, kann die Furcht vor dem Tod überwinden, die größte Herausforderung, die das Leben für uns bereithält. Wer sie meistert, der erlangt wahren und nicht nur flüchtigen Ruhm. Wer sich hingegen von der Todesfurcht bestimmen lässt, der bleibt dem verzweifelten Wunsch nach Unsterblichkeit und somit dem Streben nach schalem Ruhm verhaftet. So jemandem bleibt kaum anderes übrig, als nach einer kümmerlichen Behelfsunsterblichkeit im Gedächtnis der Nachwelt zu streben, nach einer Marmorstatue vor dem Rathaus etwa. Doch was bringt's? Der Tod kommt ja doch, und alle Ruhmestitel und Denkmäler, die ein ehrgeiziger Mensch sich erwirbt, so Seneca, sind schnell vernichtet und beseitigt im Lauf der Zeit. So jagt das

Leben dahin, scheint vorbei, bevor es angefangen hat. Ja, was bringt's? Genossen hat man ein derartiges Leben nicht, sondern vergeudet an die falschen Ziele. Wer hingegen den Tod akzeptiert, wer lernt, ihn ohne Angst zu erwarten, der lernt auch zu leben, glücklich zu leben. Sterben lernen, um leben zu lernen.

Dies scheint so einleuchtend auf den Punkt gebracht, dass Seneca bis heute in keiner Zitatensammlung zum Sterben fehlt und in vielen Beiträgen zur Sterbehilfe erwähnt wird. Was insofern verwunderlich ist, als das Leben eines römischen Philosophen unter ausgeflippten, brutalen, dem Pomp verfallenen Tyrannen, die einem ohne Weiteres ein Schwert in den Bauch rammen lassen oder die Selbsttötung befehlen können, von unserem doch recht weit entfernt ist. Die Selbsttötung von Seneca – wie sie Tacitus überliefert – ist kaum ein alltagstaugliches Vorbild für das 21. Jahrhundert. Vor allem aber: So schnell seine eingängigen Sätze zitiert sind, so lang ist die Zeit, die es braucht, ein Leben danach auszurichten, damit tatsächlich gilt: Sterben lernen heißt leben lernen.

Solange das Christentum dominierte, wurden Senecas Grundsätze zum Sterben unterdrückt, war die Selbsttötung verdammt. Und auch wenn Seneca inzwischen kalenderblatttauglich geworden ist, die gegenwärtigen Diskussionen zur Sterbehilfe zeigen, wie schwer wir uns weiterhin tun, uns auf diese Philosophie einzulassen und unser Leben auch als Vorbereitung auf unser selbstbestimmtes und gefasstes, auf unser freies Sterben zu begreifen.

Seneca half es offenkundig, Briefe zu schreiben. Er verfasste Hunderte, allein 124 in einer Sammlung an seinen etwas jüngeren Freund Lucilius. Makellos formuliert, fürsorglich, pathetisch auch. Sätze wie lange Atemzüge. «Seneca grüßt seinen Lucilius», so beginnt er jeden Brief und fährt im ersten fort: «Handle so, mein Lucilius: Befreie Dich für Dich selbst und bewahre die Zeit, die Dir bisher entweder geraubt oder heimlich entwendet wurde oder entschlüpfte.»

«Befreie Dich für Dich selbst.» Die stoische These, dass die Möglichkeit zur Selbsttötung ein wesentliches Element menschlicher Selbstbefreiung bildet, schwingt bei den Briefen immer mit. Sich auf den Tod einzuüben heißt, sich auf die Freiheit einzuüben, so drückt es Seneca an anderer Stelle aus.[107] Klingt paradox: Denn ist im Alltagsdenken der Tod nicht der radikale Möglichkeits- und somit Freiheitsvernichter? Unvermeidlich, uns keine Wahl lassend?

Nach stoischer Auffassung durchwebt das göttliche Prinzip den Kosmos und schafft eine Ordnung, durch die die Zukunft vorbestimmt ist. Das Schicksal ist nicht aufzuhalten, und kein Mensch kann seiner Sterblichkeit entrinnen. Doch das heißt nicht – und das ist die Pointe dieser Philosophie –, dass uns nichts als der Fatalismus bleibt. Denn der Weise, so Seneca, würde gerade nicht träge, sondern entgehe «der Notwendigkeit, weil er will, wozu sie ihn [sonst] gleich zwingen wird».[108] Er wird daher nicht «vom Schicksal abgeschleppt», nein, er folgt ihm und hält gleichen Schritt. Hätte er es gekannt, wäre er ihm sogar vorausgegangen.[109]

Nichts also tut der Weise gegen seinen Willen; er passt seinen Willen den Grenzen der Möglichkeiten an. Diese mögen sich verschieben – die Medizin etwa mag inzwischen die Folgen manch einer Krankheit mildern oder sie gar heilen, die Grenze der Endlichkeit hat die Medizin nicht überwinden können. Sich dies ins Bewusstsein zu holen, sich mit der

Sterblichkeit auseinanderzusetzen heißt Freiheit zu finden. Dies heißt auch, sich für sein eigenes Sterben nicht vor anderen rechtfertigen zu müssen, sondern nur vor sich selbst: «Bei nichts müssen wir unserer eigenen Gesinnung mehr folgen als beim Tod.»[110] Der beste Tod sei der, der einem zusagt.

Als Zeugin bei Frau Elgar

Wie oft hat Werner Kriesi von Alma erzählt! Gemeinsam haben die beiden immer wieder Sterbewillige begleitet, miteinander viele belastende Situationen gemeistert. Ich bin neugierig, wer sie wohl sein mag, und frage nach ihrer Adresse.

Ein später Nachmittag, die Sonne steht noch hoch. Es ist einer der letzten heißen Tage. Beide tragen wir breitkrempige Strohhüte, unser Erkennungszeichen. Während wir draußen auf der Straße vor dem Café sitzen, erste Worte austauschen, versuche ich mir vorzustellen, dies sei mein erstes Gespräch mit ihr, weil ich sterben möchte und Hilfe brauche.

Alma erzählt, was ich schon von Werner Kriesi gehört habe: Immer dann, wenn keine Familienmitglieder oder andere nahestehende Personen bei der Begleitung dabei sein können oder wollen, braucht es einen externen Zeugen. Am Ende unseres Treffens sichere ich Alma zu, dass ich zur Verfügung stünde, sollte einmal jemand fehlen.

Zwei Monate später holt mich Alma mit dem Auto auf halbem Weg am Bahnhof ab. Wir fahren weiter zu Frau Elgar, weit hinten im Tal, die kleine Stadt liegt im Schatten der Berge. 91 Jahre ist Frau Elgar alt, alleinstehend, vor anderthalb Jahren musste sie ihre Wohnung verlassen, wo sie bis dahin selbständig gelebt hatte. Seit einem zweiten Schlaganfall leidet sie unter wiederkehrenden epileptischen Anfällen, zusätzlich zu einer Migräne und einem Hörsturz. Ihr Brustkrebs wird palliativ behandelt. Gehen kann sie nicht mehr. Sie wolle sterben, so schnell wie möglich, denn sie könne sich nicht vorstellen, bald «Gemüse zu sein», so erzählt Alma.

«Warum ich? Ich, eine Fremde?»

«Sie will es so. Für sie ist es gut.»

«Ihre Familie, ihre Freunde? Gibt es da niemanden?»

«Sie meint, das könne sie ihnen nicht zumuten. Die Nichte aus Österreich ist da, seit einigen Tagen schon. Aber Frau Elgar möchte nicht, dass sie dabei ist. Sie ist in der Nähe, wir rufen sie dann an, wenn alles vorbei ist. Dann möchte sie ein letztes Mal Abschied nehmen. So haben wir es gestern besprochen.

«Die Nichte wehrt sich nicht, dass nicht sie dabei ist, sondern ich ...?»

«Mach dir keine Sorgen. Die beiden sind sich sehr vertraut. Ich habe lange mit ihnen geredet. Und von dir erzählt. Es stimmt so für sie.»

Im Seniorenheim werden wir von der Pflegedienstleiterin schon erwartet. Wir betreten den sechseckigen Innenhof, ich schaue hinauf, Stockwerk über Stockwerk, Geländer über Geländer, dahinter Tür an Tür. Wie ein Bienenstock, nur nicht so belebt. Eher verlassen. Wir desinfizieren die Hände und fahren mit dem Fahrstuhl bis ganz nach oben.

«Wie lange dauert es?», fragt die Pflegedienstleiterin.

«Zwei bis drei Stunden für gewöhnlich, je nachdem», sagt Alma.

«Ich meine ... es.»

«Ach so. Es. Rund dreißig Minuten. Vielleicht auch länger. Und dann noch die Stunden, bis die Polizei und der Amtsarzt da gewesen sind.»

Es ist Viertel nach zehn. Eine Heimbewohnerin in Hausschuhen sagt Grüezi und schiebt ihren Rollator langsam an uns vorbei. Die Pflegedienstleiterin weist auf Zimmer 609. «Bitte sagen Sie mir dann Bescheid, ich bin in meinem Büro.»

Wir klopfen und treten ein. Frau Elgar sitzt aufrecht auf der Bettkante und blickt uns aus sehr hellen, sehr blauen Augen freudig entgegen. Sie ist hager, die feine Haut fällt so straff über die hohen Wangenknochen, dass sie faltenfrei scheint. Ihr langes, weißes Haar ist von der Stirn aus zurückgekämmt. Ihre Brille wirkt, als ob sie gleich aufstehen und sich ihrer Arbeit am Schreibtisch zuwenden wolle. Ich bin überrascht, hatte ich mir doch jemand Gebrechlichen vorgestellt, dem ich die Todesnähe auf den ersten Blick ansehen würde. Wir nehmen unsere Coronamasken ab, und Alma stellt mich vor.

«Ich bin Ihnen so dankbar, dass Sie da sind», sagt Frau Elgar. Wir blicken uns in die Augen. Ich merke, wie sich ein Satz zu einem Gedanken formt: «Frau Elgar, Sie sind so schön, so klar, so kräftig. Wollen Sie nicht ...» Ich sage ein festes Nein zu diesem Gedanken. Die Hand von Frau Elgar liegt in meiner, wir blicken uns noch immer in die Augen. Das ist, denke ich, eine dieser Situationen, die für sich spricht, wenn sie da ist. Es ist richtig, was Frau Elgar entschieden hat, mir steht es nicht zu, dieser 91-jährigen Frau in ihre Entscheidung dreinzureden, jetzt, in dieser Stunde, die sie für ihren Tod bestimmt hat.

«Herzlichen Dank», sagt sie nochmals. «Wissen Sie, ich hätte es sonst allein getan. Ich hatte das schon immer vor. Ich weiß genau, unter welchem Baum. Aber was wäre, wenn es nicht funktioniert hätte, mich die Sanitäter wieder zurückgeholt hätten? Es ist nämlich so: Bei mir funktioniert nie etwas beim ersten Mal. Egal, was ich mir so vorgenommen habe in meinem Leben. Das war schon immer so.»

Alma fragt, wie es ihr gehe. Frau Elgar erzählt mit leuchtenden Augen, wie gut sie sich fühle, und sie wiederholt, wie dankbar sie sei. Ich denke an Werner Kriesi, wie oft er von diesen Sätzen bei seinen Freitodbegleitungen berichtete, wie ich ihm glaubte, es mir aber nicht vorzustellen vermochte.

Alma fragt Frau Elgar, ob sie sicher sei, heute sterben zu wollen.

«Oh ja, auf jeden Fall», antwortet sie belustigt. «Was sonst?»

«Wir müssen uns da sicher sein. Möchten Sie das Mittel lieber trinken oder eine Infusion?»

«Lieber eine Infusion. Trinken möchte ich nur ein Glas Wasser.»

Ich gehe zum Tisch, bringe das Wasser. Alma geht hinaus zur Pflegedienstleiterin, um den Infusionsständer zu organisieren. Ich setze mich neben Frau Elgar auf die Bettkante. Sie erzählt von ihrer Nichte, von weiteren Familienangehörigen, von ihren Freundinnen und Freunden. Alle seien nochmals gekommen, hätten angerufen, hätten geschrieben. Alle würden jetzt, in ihrer Todesstunde, an sie denken. Sie sei so glücklich darüber. Und nun seien noch Alma und ich da – abgesehen von den Engeln.

Raketenschnell zählt sie eine Menge Namen auf, einige recht exotisch klingend.

«Ich kenne nur Erzengel Michael», sage ich perplex. «Und den auch nicht persönlich.»

«So geht's mir auch. Wissen Sie, ich habe das alles aus den Büchern, die es so gibt. Noch habe ich keine Bekanntschaft mit all den Engeln gemacht. Aber gleich ändert sich das. Und dann geht's ab mit denen nach oben.»

«Wird ein Gedränge geben bei so vielen Engeln.»

«Stimmt. Aber die haben Übung. Steht auch in den Büchern.» Und wieder schaut sie mich mit Schalk an. «Die haben große, weiche Flügel, die sie für mich ausbreiten und aufeinanderlegen. Die sollen sich mal anstrengen.»

«In so einer Schale aus vielen Flügeln hat Ihre Seele allemal Platz», sage ich.

Alma ist zurück. Wir gehen durch die Unterlagen, die Seite mit der Bestätigung der Urteilsfähigkeit, all die Dokumente mit den medizinischen Diagnosen. Auf dem Tisch steht das Sterbemittel in einem weißen Döschen: «Pentobarbital-Natrium 15 g. Lösliches Pulver. Dosis letalis».

Wir füllen den Kopf des Freitodprotokolls aus zu Händen der Untersuchungsbehörden mit Durchschlägen für das Exit-Archiv, den Amtsarzt sowie die Angehörigen. Unter den Personalien von Frau Elgar Name und Adresse von Alma und mir befinden sich die Zeilen des Zeitrapports. Er beginnt mit «Eintreffen der Exit-BegleiterIn» und «Letzte Abklärung der Stabilität des Freitodwunsches durch BegleiterIn». Unter Punkt 7 heißt es: «Feststellung der fehlenden Lebenszeichen (Atmung, Puls)». Der letzte Punkt, 13, fragt nach der Uhrzeit des «Eintreffens des Amtsarztes».

Alma setzt sich neben Frau Elgar auf das Bett, die beiden Frauen stecken die Köpfe zusammen. Ich setze mich gegenüber auf das Sofa. Alma liest die «Freitoderklärung» vor: «Urteilsfähig, autonom und nach reiflicher Überlegung mache ich heute von meinem Recht Gebrauch, selbst über die Beendigung meines Lebens zu bestimmen.»

«Lese ich laut genug? Verstehen Sie mich gut?»

«Ja, gewiss. Weiter! Das kenne ich doch schon.»

«Wir tragen jetzt hier Ihren Namen, Ihr Geburtsdatum und das heutige Datum ein:

‹Ich, Elgar, Margarete, geb. 4. Juli 1928, leite heute am ... meinen Freitod ein. Ich tue dies auf eigene Verantwortung und erkläre, den Verein Exit und die mir beistehenden Begleitpersonen in keiner Weise haftbar zu machen. Ich beauftrage den Verein Exit, meine Interessen im Zusammenhang mit meiner Freitodbegleitung zu vertreten und durchzusetzen.

Auf meinen ausdrücklichen Wunsch sind als Zeugen anwesend: ...›»

Ich gehe zu den beiden und trage auch hier meinen Namen und meine Adresse ein. Frau Elgar unterschreibt das Dokument.

«Es heißt ja immer, dass der liebe Gott uns das Leben gibt», sagt sie zu mir. «Nun gehe ich hoch zu ihm und gebe es ihm persönlich zurück.»

«Ein schönes Bild», sage ich. Wir lächeln alle drei. «Das hat auch meinem Priester gefallen, der gestern noch vorbeikam und mich gesegnet hat – und auch gesalbt», sagt Frau Elgar und strahlt mich an. Ich gehe zurück zu meinem Zeugensofa.

Alma zeigt, wie der Hahn am Infusionsschlauch aufzudrehen ist. Frau Elgar rollt das Rädchen zwei-, dreimal nach oben und wieder nach unten. Einfach ist dies mit ihren arthritischen Fingern nicht.

«So, genug geübt», sagt Frau Elgar. Nicht mehr lange, denke ich. Ein letztes Mal aus dem Fenster in den Himmel schauen, ein letztes Mal einen Schluck Wasser trinken, ein letztes Mal ... Frau Elgar schaut fröhlich zu mir herüber, solche Gedanken scheinen ihr nicht durch den Kopf zu gehen. Alma geht mit dem weißen Döschen nach nebenan, um die Infusion zuzubereiten.

Ich frage mich, ob nun der Moment sei, Adieu zu sagen, und setze mich wieder zu Frau Elgar auf den Bettrand. Ich helfe ihr, sich hinzulegen. Geübt stellt sie mit der Fernsteuerung das Kopfteil des Bettes schräg. «Haben Sie die Nacht gut geschlafen?», frage ich etwas hilflos.

«Ja, viel zu gut. Denn leider habe ich nichts geträumt. Die Nacht zuvor schon. Von einer violetten Lilie, die sich langsam öffnete ... Doch dann bin ich aufgewacht. Bevor ich an ihr riechen konnte. Ist das nicht schade?»

Ich reiche ihr die Rose, die wir ihr mitgebracht haben. Sie steckt die Nase in die Blüte, atmet tief ein. «So, nun habe ich auch den Duft dazu», sagt sie zufrieden. Wir schauen gemeinsam schwarz-weiße Familienfotos an. Eltern und Geschwister rund um den Ostertisch mit einem selbst gebackenen Osterlamm aus Biskuit, das sie zuvor in der Kirche hatten segnen lassen.

«Wissen Sie, meine Eltern und meine Schwestern warten oben schon auf mich. Am Abend gibt's dann Wein. Himmlischen Wein. Soll nicht zu vergleichen sein mit dem irdischen.» Sie macht eine Pause – und nennt einen Buchtitel. «Nun, ich werde es ja heute noch erfahren», sagt sie voller Elan. Ich schaue mich, meines Erachtens diskret, im Zimmer nach den Büchern um. Prompt sagt Frau Elgar: «Hätte ich das gewusst, hätte ich Ihnen eines aufgehoben. Doch so habe ich sie alle in den letzten Tagen verschenkt.»

Alma ist mit der Infusion zurück. Es ist Viertel vor elf. Frau Elgar nimmt ihre Brille ab, legt sie sorgsam in die ansonsten leere Schublade ihres Nachtkästchens. Sie schiebt die Schublade zu. Schhhhhhhhht – und ein trockener, heller Klick. Ein Nadelstich, der den Moment aufspießt, die Zeit anhält. Frau Elgar sagt: «Die brauch ich nun nicht mehr.» Und die Zeit tickt weiter.

Sie blickt uns an. «Danke. Herzlichen Dank Ihnen beiden.»

«Danke, dass wir Ihnen helfen dürfen; danke, dass wir bei Ihnen sein dürfen.»

Alma setzt die Infusionsnadel, und Frau Elgar meint: «Nun schaffe ich es sicher noch zum Mittagessen da oben.»

«Vielleicht gibt's zu diesem besonderen Anlass ausnahmsweise schon mittags den himmlischen Wein», so ich. Wir lachen alle drei. Grad rechtzeitig, sonst wären mir doch noch die Tränen gekommen.

Frau Elgar fährt das Kopfteil des Bettes herunter, öffnet flink den Hahn und schließt die Augen. Ich halte ihre Hand. Nach nur wenigen Momenten spüre ich, wie das Leben ihren Körper verlässt.

Wir bleiben noch eine Weile auf dem Bettrand sitzen, dann wählt Alma die Nummer der Polizei und meldet mit ruhiger Stimme den «außergewöhnlichen» Todesfall, wie es offiziell heißt. Ich bin in Versuchung, Frau Elgar noch ein wenig anders zu betten, den Kopf komfortabler zu legen. Doch jede Berührung ist uns jetzt untersagt, sie könnte zu Druckstellen und somit zu falschen Schlüssen führen.

Alma öffnet das Fenster. «Stimmt, Corona», sage ich, «habe ich ganz vergessen.»

«Und die Seele», sagt Alma lächelnd.

«Stimmt, auch die …»

Auf dem Weg ins Büro der Pflegedienstleiterin kommt diese uns schon entgegen: «Hat es funktioniert?»

Weitere Pflegerinnen und Pfleger treten hinzu und mustern uns. Ausnahmsweise bin ich froh über die Teilgesichtsprivatheit hinter meiner Maske und beschließe, sollte ich nochmals als Zeugin gebraucht werden, mich dann weniger dunkel zu kleiden und keine Schuhe mit Absätzen anzuziehen, deren Klacken bei jedem Schritt durch die langen Gänge noch verstärkt wird.

Alma und ich gehen zurück zu Frau Elgar, warten, bis die Pflegedienstleiterin zuerst zwei Polizisten, dann auch den Amtsarzt zum Zimmer führt. Alle drei würden in ihrer dunklen Regenkleidung und den gemessenen Bewegungen locker als Pfarrer durchgehen. Der ältere Polizist studiert die Unterlagen und meint fast zufrieden: Eine Menge Krankheitsberichte. Alma und ich verlassen wieder den Raum. Bei der Legalinspektion der Leiche dürfen wir nicht dabei sein.

In einem Nebenraum treffen wir Frau Elgars Nichte, deren Mann und die älteste Tochter, die heitere Gelöstheit von Frau Elgar ist inzwischen auf uns alle übergegangen. Nachdem die Polizei und der Amtsarzt ihre Aufgaben erledigt haben, kleiden Alma und ich den Körper von Frau Elgar wieder an. Nun, nach dem Abschluss des offiziellen Teils, nachdem die Leiche, wie es heißt, freigegeben ist und somit auch der Verdacht eines strafrechtlich relevanten Verhaltens nicht mehr auf Alma und mir liegt, kommen auch die Mitarbeitenden des Heimes, die Frau Elgar umsorgt und gepflegt haben.

Alma und ich stehen noch neben dem Bett, als zwei Pflegerinnen das Zimmer betreten. Bevor wir hinausgehen, lege ich noch die Rose in die Hände von Frau Elgar. Eine der Frauen sagt zu mir, im Ton nicht unfreundlich, aber bestimmt: «Frau Elgar war katholisch. Sie müssen ihr die Hände wie im Gebet falten.» Und so lege ich die Hände enger zusammen. Während sich erst Mitarbeitende des Heimes, dann die Nichte und ihre Familie von Frau Elgar verabschieden, warten Alma und ich draußen. Das Bestattungsunternehmen kommt wenige Minuten später, weiß angesichts der insgesamt gelassenen Stimmung nicht so recht, wem nun zu kondolieren sei, und entscheidet sich für den noch anwesenden Polizisten. Kurz darauf schließt sich die Fahrstuhltür hinter dem Sarg.

Die Position des Heimes ist: Wir dulden die Freitodbegleitung, wollen aber damit nichts zu tun haben.* Als wir ein letztes Mal in das Zimmer von Frau Elgar gehen, um zu schauen, ob wir auch nichts vergessen haben und alles aufgeräumt ist, kommt die Pflegedienstleiterin mit der Pflegerin ins Zimmer, die mich zum Falten der Hände aufgefordert hatte. Wir stehen voreinander: zwei Frauen im Auftrag von Exit, zwei Frauen vom Seniorenheim.

«Was mich noch interessiert, was fühlen Sie, wie machen Sie das?», fragt die Pflegerin, sie betont das «das».

«Frau Elgar hat ihr Leben gelebt. Es war ein erfülltes Le-

---

* Im Jahr dieser Begleitung, 2020, konnten im Kanton Zürich die jeweiligen Heimleitungen entscheiden, ob sie den begleiteten Suizid zulassen oder nicht. Im September desselben Jahres forderte eine parlamentarische Initiative, in allen Alters- und Pflegeheimen, die Gelder der öffentlichen Hand erhalten, den begleiteten Suizid zu erlauben. Private Institutionen sollen weiterhin selbst entscheiden. Die Chancen für die Annahme dieser Initiative, so heißt es, stehen gut. («Tages-Anzeiger» vom 14. September 2020)

ben, sie war zufrieden. Es war ihr Wunsch, lange überlegt. Das ist viel einfacher, als einen jungen Menschen mit Krebs zu begleiten, der noch so viel vor sich gehabt hätte.»

Die beiden Frauen schweigen.

«Frau Elgar hat uns getragen, sie hat mit ihrem Leben, ihrer Persönlichkeit den Raum und die Sterbestunde gefüllt, wir haben ihr zur Hilfe nur noch die Hände reichen müssen.»

Die beiden Frauen schweigen.

«Ist der Tod nicht immer sehr schwer und ein häufiger Gast in Ihrem Heim?»

«Der Tod ist schwer genug. Doch jetzt noch so! Das ist doppelt schwer. Jedes Mal, wenn Sie kommen, dann ist das wie ein Schlag, schon am Morgen. Im ganzen Haus.»

«Und wenn Sie ahnen, die Nacht wird jemand sterben, ist es dann nicht ein Dröhnen die ganze Nacht und ebenso schwer zu ertragen wie der Schlag?»

Nun schweigen wir zu viert. Dann sagt die Pflegedienstleiterin: «Wir kommen demnächst auf Exit zu, um eine Fortbildung für unser Pflegepersonal zu organisieren.»

Alma fährt mich zum Bahnhof. Ich bin müde, dabei ist es erst Nachmittag. Als wir vor dem Bahnhof parken und ich mich umdrehe, um meinen Mantel vom Rücksitz zu angeln, kramt Alma in ihrer Tasche und reicht mir 160 Franken in Scheinen. Ich zucke zurück. Das ist nicht nötig, will ich abwehren, eine Bezahlung habe ich nicht erwartet. Dann denke ich an all die Diskussionen mit Werner Kriesi, ob und inwiefern die Mitarbeitenden und vor allem die Freitodbegleiter von Exit bezahlt werden dürfen. Immer wieder habe ich Manuskriptseiten mit unserem Gespräch zu diesem Thema um- und neugeschrieben und schliesslich endgültig gelöscht, weil er meinte, dies ginge so nicht, das sei ein wunder Punkt von Exit, damit könnten wir uns lediglich in die Nesseln setzen, da sei keine sachliche Diskussion möglich.

Ich war der Auffassung, ein Kapitel «Sterbehilfe und das Geld» gehöre dazu, man dürfe den Kopf nicht in den Sand stecken, schließlich habe sich Exit nach der Pionierphase zu einem professionell geführten Unternehmen entwickelt und niemand müsse sich schämen, wenn die Mitarbeitenden marktüblich entlohnt würden und die Freitodbegleiterinnen und -begleiter zumindest eine finanzielle Entschädigung erhielten. Warum sollten Freitodbegleiter rein ehrenamtlich, nur mit Spesenerstattung arbeiten, wenn es etwa keine Frage sei, dass Palliativpflegende, Bestatter oder auch die Organisatoren von Abdankungsfeiern bezahlt werden? Das könne falsch verstanden werden, zynisch wirken, so Werner Kriesi. Aber es sei dennoch richtig, so ich. Hier stimmte er mir zu.

Und nun bin ich also zum wiederholten Mal an diesem Tag über mich selbst überrascht. Wieso bin ich irritiert, frage ich mich, obwohl ich doch bei den Diskussionen glaubte, meiner Position so sicher zu sein? Tja. «Glaub niemandem, der vom Schreibtisch aus philosophiert.» Und sei es dein eigener.

Ich nehme das Geld an, das mir Alma entgegenhält.

«Was antwortest du», frage ich Alma, «wenn du gefragt wirst, ob du einen Lohn erhältst?»

«Ich sage, dass es so ist.»

«Und wenn die Angehörigen weiterfragen?»

«Dann sage ich den Betrag: 650 Franken pro Eröffnung.»

«Eröffnung?»

«Den Begriff verwenden wir, damit klar ist, dass wir das Geld unabhängig davon erhalten, ob die Person nach den Gesprächen und der Vorbereitung nun die Freitodbegleitung in Anspruch nimmt oder nicht. Die, die betroffen sind, haben keine Probleme damit, dass auch wir Begleiter nicht ehrenamtlich arbeiten. Im Gegenteil: Oft sind die Angehörigen erleichtert, weil sie sich dann nicht mehr verpflichtet fühlen, mich zum Dank zum Essen einzuladen.»

Zehn Tage später erreicht mich eine Todesanzeige aus Österreich. In dem beiliegenden Brief schreibt die Familie von Frau Elgar: «Wir danken Ihnen, dass Sie unserer Tante einen würdigen und schmerzfreien Abschied ermöglicht haben.»

Ich denke an das diesjährige Schreiben des Vatikans «Über die Sorge an Personen in kritischen Phasen und in der Endphase des Lebens».[111] Hier steht über die legalisierten «Euthanasiepraktiken», also die Sterbehilfe, dass sie eine «mörderische Handlung sei» und gerade die zerbrechlichsten Menschen Gefahr laufen, «von einem Räderwerk ‹weggeworfen› zu werden, das um jeden Preis effizient sein will». Es sei ein stark antisolidarisches Kulturphänomen, das authentische «Strukturen der Sünde» erzeuge und zu falschen Handlungen an sich führen könne, nur weil man sich bei ihrer Ausführung «wohlfühlt».

Ich denke an Frau Elgar, an Alma und mich an ihrem Sterbebett und daran, dass alles, was ich erlebt habe, nicht für ein «Verbrechen am menschlichen Leben» spricht.

«Exit – Selbstbestimmung im Leben und im Sterben»

Gleich in meinem ersten Jahr als Leiter der Freitodbegleitung rief mich ein Mann aus Luzern an. Mit energischer Stimme setzte er mich davon in Kenntnis, er wolle sterben, wir sollten morgen Vormittag mit dem Mittel vorbeikommen. Er sei Jurist und seit Jahren Mitglied von Exit, er kenne sich aus. Ich versuchte darzulegen, dass wir nicht auf Abruf, ohne Abklärung und Vorbereitung, einen Sterbewunsch erfüllen würden, doch ich könne ihn am nächsten Tag daheim besuchen, um alles zu besprechen. Aufgebracht erklärte er mir, wir seien Bürokraten ohne Verständnis für die Bedürfnisse von leidenden Menschen. Ohne Gruß legte er auf. Am nächsten Morgen schoss er sich in die Schläfe. Er traf schlecht, und es vergingen noch zehn Tage, bis er sterben konnte. Kurz darauf meldete sich sein Sohn. Nur weil wir die Sterbehilfe verweigert hätten, sei seinem Vater nichts anderes übrig geblieben, als sich zu erschießen! Wozu Exit eigentlich da sei?

Mit dem Leitsatz von Exit geantwortet: Für «Selbstbestimmung im Leben und im Sterben». Ganz im Trend der Gegenwart, die Wert auf Autonomie in allen Lebensbereichen legt.

Erst Exit hat auch das Sterben unter diesem Gesichtspunkt in die Diskussion gebracht. Der Gedanke führte 1982 zur Gründung des Vereins. Zukünftig wird der Leitsatz übrigens leicht verändert heißen: «Selbstbestimmt bis ans Lebensende». Doch all die großen Worte können nicht darüber hinwegtäuschen, dass die Selbstbestimmung noch lange nicht die Bedeutung hat, die sie haben sollte! Die rechtliche Grundlage ist da, der Bundesgerichtsentscheid ist eindeutig. Er sollte hier im Stapel mit den Unterlagen liegen.

Sie meinen das Urteil von 2006, in dem das Schweizerische Bundesgericht – als Antwort auf die Beschwerde eines psychisch kranken Mannes – darüber zu entscheiden hatte, ob das Sterbemittel Natrium-Pentobarbital auch ohne ärztliches Rezept abgegeben werden dürfe?

Genau das. Der Kläger argumentierte, dass er einen Anspruch darauf habe, sein Leben ohne Risiko und Schmerzen beenden zu können. Er bezog sich dabei auf Artikel 8 der Europäischen Menschenrechtskonvention, in der festgehalten ist, dass jede Person das Recht auf Achtung ihres Privatlebens habe.

Ich lese einen Satz aus dem Bundesgerichtsurteil vor: «Zum Selbstbestimmungsrecht im Sinne von Art. 8 Ziff. 1 der Europäischen Menschenrechtskonvention gehört auch das Recht, über Art und Zeitpunkt der Beendigung des eigenen Lebens zu entscheiden; dies zumindest, soweit der Betroffene in der Lage ist, seinen entsprechenden Willen frei zu bilden und danach zu handeln.»[112]

Und eben das ist der Widerspruch zu unserer gelebten Praxis! Der Zugang zur Freitodbegleitung und zum Sterbemittel – wir haben es ja schon diskutiert – sollte weiter liberalisiert werden.

Dennoch hatten Sie Gründe, der Selbstbestimmung des Exit-Mitglieds, von dem Sie gerade erzählten, Schranken zu setzen – und nicht genau das zu tun, was der Mann von Ihnen forderte. Selbstbestimmung bedeutet ja nicht, dass Sie oder irgendjemand anderes dazu verpflichtet wären, mir mein Sterben genau so zu ermöglichen, wie ich mir das vorstelle. Solche Rechte realisieren sich erst in der Gemeinschaft mit anderen. Und so steht in dem Urteil, dass der Staat nicht im Sinne einer positiven Pflicht dafür zu sorgen habe, «dass ein Sterbewilliger Zugang zu einem bestimmten für den Suizid gewählten gefährlichen Stoff oder zu einem entsprechenden Instrument erhält». Sterbehilfeorganisationen in der Schweiz dürfen dem Sterbewilligen somit weiterhin Natrium-Pentobarbital nur nach ärztlicher Verschreibung reichen. Wenn die Ärzte im Einzelfall mit guten Gründen dagegen sind, dann gibt es keinen Weg, diese per Gerichtsurteil zu zwingen.

Nicht nur hier haben wir die Einschränkung der Selbstbestimmung. Hinzu kommt – und dies steht ja auch in dem Urteil –, dass der Sterbewunsch wohlerwogen und stabil sein muss. Und frei, also ohne Druck von außen.

Scheint mir durchaus sinnvoll, denn dies sind Eigenschaften, die die Selbstbestimmung ausmachen. Etwa die Wohlerwogenheit. Ich verstehe darunter, dass ich über meine Einstellungen und Wünsche nachdenken und das, was ich will, hinterfragen kann. Ich blicke also auf mein Inneres und überlege, ob ich wirklich mit dem einverstanden bin, was ich dort vorfinde. Insofern ist doch dieses Kriterium keine Einschränkung der Selbstbestimmung!

Aber andere Menschen, Fremde müssen dies beurteilen! Viele Exit-Mitglieder empfinden es als Zumutung, mit so vielen Leuten reden zu müssen, bis all dies abgeklärt ist. Ich will nicht schwafeln, ich will sterben, ist ein Satz, den ich oft genug gehört habe.

Und doch haben Sie bei diesen Menschen darauf bestanden, dass all die Gespräche mit dem Freitodbegleiter und den beigezogenen Ärzten geführt werden, um die Urteilsfähigkeit sowie die Autonomie, Wohlerwogenheit und Konstanz des Sterbewunsches abzuklären. Und hat nicht auch Ihre Erzählung von Herrn Wyrsch – dem katholischen Priester, der ursprünglich kein Geschnorr wollte – gezeigt, wie wichtig das Gespräch dann war?

Nicht jedem ist es gegeben, so differenziert über seine Situation zu reflektieren. Vielen Menschen wird durch die Gespräche etwas abverlangt, was juristisch richtig ist, menschlich jedoch eine Zumutung, eine Belastung. Vergessen Sie nicht, für gewöhnlich ist der Freitodbegleiter ein Fremder, der Konsiliararzt auch. Und erst recht kann es schwierig werden, wenn noch ein Psychiater für ein weiteres Gutachten hinzugezogen wird, weil etwa einem hochaltrigen, lebenssatten Menschen unterstellt wird, er sei depressiv und somit nicht urteilsfähig. So ein sich über Wochen oder gar Monate hinziehender Abklärungsprozess kann als enorm peinigend empfunden werden.

Haben Sie eigentlich einen Kriterienkatalog, um Ihre Urteile abzustützen, ob etwa ein Sterbewunsch nun wohlerwogen ist oder nicht? Der Ermessensspielraum scheint mir groß zu sein.

Ich muss das im Gespräch spüren. Das sind alles Fragen des persönlichen Ermessens. Es lassen sich da keine Regeln aufstellen.

Bei allem Vertrauen, Herr Kriesi ...

Ich schaue auf die Signale. Spüre ich eine Ambivalenz, spreche ich das sofort an. Daher telefoniere ich auch immer am Vorabend und sage sinngemäß: Sie gehen jetzt in die letzte Nacht Ihres Lebens, da möchte ich nochmals mit Ihnen sprechen. Da spüre ich doch, ob der Mensch wirklich entschieden ist! Und es kommt ja auch oft genug vor, dass Sterbewillige beschließen, doch noch zu warten und den Termin auf unbestimmte Zeit zu verschieben. Früher, da war man da auch mal zu schnell. In der Pionierzeit wurde etwa Rolf Sigg am Morgen angerufen – und am Abend war der Patient tot.

Auch Ihnen wurde wiederholt vorgeworfen – vor allem in den ersten Jahren Ihrer Tätigkeit bei Exit –, Sie seien zu schnell. «Leichtfertige Hilfe» steht etwa hier unter Ihrem Foto in einer Ausgabe des «Spiegels» aus dem Jahr 2001. Unter dem Titel «Radikale Lösung» thematisiert die Zeitschrift, dass Exit den «Todestrunk zu großzügig verteilt».[113]

Der Basler Fall. Eine verhinderte Freitodbegleitung Ende 1998. Die Familie stand hinter dem Entschluss der Tochter. Ein sektiererischer Freund des Vaters machte ihren Freitodwunsch kurz vor dem Termin publik. Daraufhin wurde die Frau per fürsorgerische Freiheitsentziehung in die geschlossene Abteilung der Psychiatrie eingeliefert. Mehr als zwei Jahre später griff der «Spiegel» den Fall wieder auf.

WERNER KRIESI ERZÄHLT

Der Basler Fall. Eine Zäsur

Es ist das Jahr 1998. Exit wird an der Generalversammlung im Mai gründlich durchgeschüttelt. Es ist die Phase des Generationenwechsels. Rolf Sigg, die seit der Gründung von Exit dominierende Persönlichkeit, steht in Konflikt mit der neuen Generation, die die Organisation aus der Pionierphase herausführen will. Die Neuen rufen nach Professionalisierung, fordern eine andere Führungsstruktur, mehr Transparenz, eine bessere Einbindung der Behörden sowie kommunizierte Regeln, die politisch und gesellschaftlich abgestützt sind. Die alten Krokodile wehren sich. Der Machtkampf wird in gehässigem Ton öffentlich ausgetragen, vor allem zwischen Rolf Sigg und dem damaligen Geschäftsführer Peter Holenstein.

An der tumultuösen Generalversammlung mit mehr als tausend Anwesenden tritt der bisherige Präsident Meinrad Schär zurück, die Reformer Peter Holenstein und Manfred Kuhn verlassen die Geschäftsleitung. Ein vierzehnköpfiger Vorstand wird gewählt, einer der Neuen bin ich – mir wird die Leitung des Freitodteams übertragen. Rolf Sigg wird trotz allem öffentlichen Aufwand, den er im Vorfeld betrieben hat, nicht als Präsident gewählt und verbleibt auch nicht im Vorstand. Neuer Präsident wird der Unternehmensberater Rolf Syz. Die Turbulenzen halten an und werden weiterhin in den Medien über Monate ausgewalzt und breitgetreten. Um die zehntausend Mitglieder treten aus. Unter ihnen Rechtsanwalt Ludwig A. Minelli, der noch in der Nacht nach der Generalversammlung eine neue

Sterbehilfeorganisation gründet: Dignitas. Sie wird, anders als Exit, auch Ausländern, die dafür in die Schweiz reisen müssen, die Freitodhilfe anbieten. In dieser schwierigen Phase passiert der Basler Fall.

Rebekka, eine knapp dreißigjährige Frau, seit ihrem fünfzehnten Altersjahr in psychiatrischer Behandlung, ersucht Exit um Freitodhilfe. Ich bin als Begleiter vorgesehen. Meinrad Schär, der eben erst zurückgetretene Präsident, steht mir zur Seite. Er ist ein in Fachkreisen bekannter Präventivmediziner, Ordinarius an der medizinischen Fakultät der Universität Zürich und zugleich langjähriger Nationalrat. Er ist für mich Gewährsmann und Garant, habe ich doch erst vor einem Jahr begonnen, bei Exit zu arbeiten.

Rebekkas Vater, ihre Mutter und alle drei Brüder schicken Exit handschriftlich abgefasste Briefe, in denen sie ihr Einverständnis mit einem Freitod ihrer Tochter und Schwester bezeugen. Ende 1998 entscheiden Meinrad Schär und ich, der Bitte Rebekkas und ihrer Angehörigen stattzugeben. Meinrad Schär stellt das Rezept aus. Besondere Regeln für den Umgang mit psychischen Erkrankungen gab es in unserer Organisation damals nicht.

Am Tag der verabredeten Begleitung, auf dem Weg nach Basel, erfahren wir, Rebekka sei soeben zwangsweise vom Basler Kantonsarzt, Hanspeter Rohr, in die Psychiatrische Klinik der Universität Basel eingeliefert worden. Auslöser war der Anruf eines Glaubensbruders ihres Vaters, der regelmäßiger Teilnehmer eines wöchentlichen Gebetskreises ist. Am Vorabend hatte er den Anwesenden anvertraut, dass seine Tochter mit Hilfe von Exit in den Freitod gehe. Die Begleitung zu verhindern, entsprach nicht seinem Willen. Doch er befand sich in tiefer Trauer und ahnte nicht, dass einer von den Betenden in seinem blind-frommen Eifer sein Vertrauen so hinterhältig missbrauchen könnte.

Zwei Monate später, im Februar 1999, erscheint in der «Sonntags-Zeitung» ein reißerischer Artikel unter dem Titel: «Exit wollte junge Frau in den Tod schicken». Er schildert, mit welcher Verantwortungslosigkeit Exit bereit war, einer «körperlich gesunden jungen Frau» das «tödliche Medikament für den Selbstmord» zu liefern.[114] *Der Artikel platzt am Sonntagmorgen mitten in eine Wochenendretraite, für die der gesamte Exit-Vorstand in Solothurn versammelt ist. Der amtierende Präsident, Rudolf Syz, reagiert verständnislos und schockiert; ihm war der Fall bisher nicht bekannt. Er beschuldigt Meinrad Schär und mich, dass wir auf fahrlässige Art dieser bekannten Basler Juristenfamilie hätten helfen wollen, eine lästig gewordene Tochter zu «entsorgen».*

Das Thema produziert fette Schlagzeilen. Die Medien verurteilen unsere Bereitschaft, einen so jungen Menschen in den Tod zu begleiten. Viel Lob erhalten die Basler Behörden dafür, dass sie in letzter Minute unser Vorhaben verhindert hätten. Auch das Fernsehen greift den Fall auf. Der fromme Informator aus dem Gebetskreis bekommt seinen großen Auftritt und nutzt die Gelegenheit, sich vor der ganzen Nation als Retter Rebekkas darzustellen.

Der Vorstand ist gespalten. Der Präsident der Geschäftsprüfungskommission, Hans Wehrli, ehemaliger Zürcher Stadtrat, untersucht den Fall und kommt zum Schluss, dass sich Meinrad Schär und ich in Beurteilung und Abwicklung dieser verhinderten Begleitung ohne Einschränkung statutenkonform verhalten hätten.

Doch die Statuten interessieren weder die Öffentlichkeit noch die Behörden. Von allen Seiten schlägt uns furiose Ablehnung entgegen. Die Gesundheitsdirektion des Kantons Zürich entzieht Meinrad Schär die Bewilligung für die Ausstellung von Rezepten. Von der Basler Staatsanwaltschaft erhalten wir einen Brief, in welchem sie die Seriosität anzweifelt, mit der die Urteilsfähigkeit von Rebekka abgeklärt wurde. Wäre die Begleitung nicht gestoppt worden, so heißt es, hätten wir mit einem Strafverfahren wegen fahrlässiger Tötung rechnen müssen. Der Brief schließt mit der Empfehlung, die Vorbereitungen für eine Freitodbegleitung von Rebekka nicht zu wiederholen.

Im Sommer 2016, knapp achtzehn Jahre nach der misslungenen Begleitung, kann Rebekka schließlich mit Hilfe von Exit sterben. Die eingeholten psychiatrischen Gutachten bestätigen ihre Urteilsfähigkeit wie auch die Dauerhaftigkeit und Wohlerwogenheit ihres Todeswunsches. In der Todesanzeige bedankt sich die Familie «bei den beteiligten Mitarbeitern von Exit für die einfühlsame Hilfe und Begleitung», die ihre Tochter auf ihrem letzten Lebensweg erhalten habe.

Das Moratorium. Wenn man etwas für Recht hält, muss man es auch tun

Herr Kriesi, 1999, im Jahr der Krise, beschließen Sie, zusammen mit den anderen Exit-Vorstandsmitgliedern, ein Moratorium für die Freitodbegleitung von psychisch kranken Menschen.

In dieser heiklen Situation schien es uns die einzige Lösung. Wir befürchteten, ansonsten den Goodwill zu verscherzen, den sich unsere Organisation im Laufe der Jahre – zumindest bei einem Teil der Gesellschaft – erworben hatte.

Wie stehen Sie inzwischen zu den Vorwürfen im «Spiegel» und anderen Medien, Sie hätten übereilt gehandelt und nicht genügend Abklärungen vorgenommen?

Der «Spiegel»-Artikel von 2001 enthält Verzerrungen, doch in einigen Punkten trifft die Kritik zu. Ich habe die Ausstellung des Rezeptes zu wenig hinterfragt. Unerfahren wie ich war, verließ ich mich darauf, dass alles so schon richtig sei. Hinzu kam, dass Rebekkas Angehörige über fünfzehn Jahre alles Menschenmögliche getan hatten, um ihrer Tochter und Schwester zu helfen. Dass sie den Todeswunsch unterstützten, hatte eine suggestive Wirkung auf mich.

Wenn Sie sagen, dass Sie sich darauf verlassen haben, dass alles so schon richtig sei: Meinen Sie formal richtig? Oder moralisch? Sind Sie im Nachhinein der Auffassung, dass die Abklärungen nicht sorgfältig genug waren? Oder meinen Sie, dass es auch dann moralisch unverantwortlich gewesen wäre, wenn damals ausführliche Abklärungen Rebekkas Urteilsfähigkeit sowie die Wohlerwogenheit und Stabilität ihres Sterbewunsches bestätigt hätten?

Ersteres. Die Unheilbarkeit von Rebekkas Krankheit, ihre Urteilsfähigkeit und die Wohlerwogenheit ihres Sterbewunsches sind später von Fachpersonen bestätigt worden. Doch mit Blick auf heutige Kriterien waren 1998 die Abklärungen ungenügend. So gesehen war es richtig, dass die Begleitung verhindert wurde. Wir hatten nur eine allgemeine psychiatrische Diagnose, jedoch kein psychiatrisches Gutachten mit Blick auf den Sterbewunsch. Meinrad Schär war ein Präventivmediziner, kein Psychiater. Er hat sich – ebenso wie ich – auf eine Diagnose gestützt, die er nicht überprüfen konnte. Aus dem Basler Fall hat Exit ungeheuer viel gelernt. Das ist eine Zäsur gewesen.

Auch für Sie?

Auch für mich. Mir wurde damals klar, dass das Kriterium des Artikels 115 – Suizidhilfe ist erlaubt, wenn keine selbstsüchtigen Gründe vorliegen – nicht genügt. Ich hätte etwa die Pflicht gehabt, die Hintergründe der Rezeptausstellung genauer zu überprüfen.

Dann waren aus heutiger Sicht auch Ihre Vorgespräche als Begleiter mit Rebekka nicht ausführlich genug?

Bei einer psychischen Erkrankung kann ein einziges Gespräch nicht genügen, wie Meinrad Schär und ich es damals geführt haben. Die Abklärung braucht mehrere Monate oder länger. Während dieser Zeit ist der Freitodbegleiter mit der sterbewilligen Person im Kontakt, über Gespräche, Telefonate, Brie-

fe, Mails. Während dieser Zeit muss auch ein psychiatrisches Gutachten erstellt werden, das von einem zweiten Psychiater gelesen und bestätigt wird. Wenn Exit diese Bedingungen erfüllt, sind die Behörden zufrieden – und wir auch. Doch in die seelische Tiefe sehen wir nicht, auch nicht die Psychiater, auch nicht nach zwanzig Gesprächen. Da dürfen wir uns nichts vormachen.

«Urteilsfähig im Sinne dieses Gesetzes» – so Artikel 16 des Schweizerischen Zivilgesetzbuches – «ist jede Person, der nicht wegen ihres Kindesalters, infolge geistiger Behinderung, psychischer Störung, Rausch oder ähnlicher Zustände die Fähigkeit mangelt, vernunftgemäß zu handeln.» Das könnte so gelesen werden, als ob Menschen mit psychischer Störung der begleitete Freitod nicht ohne Weiteres offenstehe, da ihnen die Urteilsfähigkeit abgesprochen wird.

Dies zu beurteilen war Aufgabe eines Expertenberichts, den die Generalversammlung in Auftrag gegeben hatte und der 2004 im Mitgliedermagazin publiziert wurde: «Suizidbeihilfe bei Menschen mit psychischen Störungen». Das Autorenteam – ein Jurist, ein Mediziner, ein Philosoph und ein Psychiater – kam zum Schluss, dass die Urteilsfähigkeit bei diesen Menschen generell nicht auszuschließen und somit auch die Suizidbeihilfe nicht generell strafbar sei.[115] Ein Todeswunsch müsse also nicht zwingend ein Symptom der psychischen Störung sein. 2006 wurde dies vom Bundesgericht bestätigt.

Es wäre auch vermessen und bevormundend, psychisch Kranken prinzipiell zu verwehren, was psychisch Gesunden zugestanden wird: dass sie in der Lage sein können, auf ihr Leben zu blicken und darüber nachzudenken, ob sie es unter diesen Umständen leben wollen oder nicht.

Während meiner Pfarrarbeit und später als Freitodbegleiter habe ich oft genug erfahren: Es gibt psychische Störungen, die verunmöglichen jede Art von Lebenserfüllung. Die Betroffenen spüren, dass sie ihr Leben nicht realisieren können. Manch einer kommt dann zum Entschluss, das Leben verlassen zu wollen. Doch ob diese Entscheidung tatsächlich aus einer Position der Urteilsfähigkeit gefällt wurde, ob sie tatsächlich autonom, wohlerwogen und konstant ist, dafür braucht es das Gutachten eines erfahrenen Psychiaters. Exit muss sich bei seinen Entscheidungen so breit wie möglich abstützen.

Was änderte sich bei Exit nach dem Expertenbericht «Suizidbeihilfe bei Menschen mit psychischen Störungen»?

Wir lockerten kurz darauf das Moratorium und beschlossen, die Anfragen von psychisch kranken Personen nicht mehr generell abzuweisen. Außerdem gründeten wir eine Ethikkommission, die seither alle Gesuche psychisch erkrankter Menschen beurteilt. Vor allem der Strafrechtsprofessor Christian Schwarzenegger, den wir als Mitglied der Kommission gewinnen konnten, legte an die psychiatrischen Gutachten strenge Maßstäbe.

Was meinen Sie damit?

Professor Schwarzenegger kannte aus seiner Tätigkeit solche Gutachten. Da es bei Gerichtsfällen um Verurteilung oder Freispruch geht, sind hier die psychiatrischen Gutachten umfangreich und gründlich. Verglichen damit sind die zur Urteilsfähigkeit im Falle eines Freitodwunsches von lapidarer Kürze.

Warum? Schließlich geht es jetzt um Leben oder Tod.

Die Erstellung eines Gutachtens stellt für psychisch Kranke eine enorme Belastung dar, sie empfinden die Gespräche rasch als Examinierung. Daher beschränken sich die abklärenden Psychiater auf das Notwendigste. Herr Schwarzenegger akzeptierte dies, plädierte jedoch für einen Mittelweg, damit die Gutachten von der Justiz nicht infrage gestellt werden konnten. Insofern war er strenger als die Nichtjuristen in der Ethikkommission.

Wie vielen Anfragen von psychisch Erkrankten wurde von Exit stattgegeben?

Im Jahr 2008 etwa war es eine von 64.

2008. Das ist das Jahr, in dem Peter Baumann wegen vorsätzlicher Tötung zu einer vierjährigen Freiheitsstrafe verurteilt wurde. Es ging um einen psychisch kranken 48-jährigen Mann, den er in den Tod begleitet hatte. Und zwar im Jahr 2001, als das Moratorium noch in Kraft war. Ein Psychiater beurteilte die Psyche diese Mannes nach dessen Tod anhand der Unterlagen und kam zum Schluss, er sei nicht urteilsfähig gewesen. So kam es zum Strafverfahren.

Peter Baumann. Ich habe ihn geschätzt – und bewundert. Auf ihn passt eine Aufforderung, die ich bei Hermann Hesse fand: Wenn man etwas für recht hält, muss man es auch tun. Peter riskierte für seine Überzeugungen alles und landete so im Gefängnis.

Was war seine Rolle bei Exit?

Als ich den Auftrag erhielt, eine Ethikkommission zu bilden, stellte sich auch ein Psychiater zur Verfügung: Peter Baumann. Ein Glücksfall, denn die meisten Psychiater lehnten den assistierten Freitod vehement ab. Wir hätten Tausende fragen können und lauter Absagen eingesteckt. Zu Beginn lief alles reibungslos, ich fühlte mich durch seine Fachkenntnisse gestützt und schätzte seine Einfühlung in leidende Menschen. Einige Freitodbegleitungen führten wir gemeinsam durch. Doch als sich 2001 bei Exit der von Ihnen eben erwähnte, knapp fünfzigjährige, psychisch angeschlagene Mann meldete, kam es zu heftigen Auseinandersetzungen. Die Mehrheit der Ethikkommission lehnte den Antrag auf Begleitung ab. Meinrad Schär meinte zu Peter: «Hüte dich, diesen Mann zu begleiten!» Doch Peter entschied anders. Nicht als Mitarbeiter von Exit, sondern im Alleingang half er dem Mann zu sterben. Mit einem Plastiksack, in den Helium eingeleitet wurde. Die Folge: ein erstes Strafverfahren.

Peter ging uns hart an: In hohen Tönen würden wir unentwegt vom Selbstbestimmungsrecht im Leben und Sterben sprechen. Doch in Tat und Wahrheit würden wir unsere Mitglieder verseckeln und hängen lassen. Ängstlich seien wir, träge und angepasst. Peter bestand felsenfest darauf, alternative Sterbemethoden anzubieten, um sämtliche Autoritäten des Gesundheitswesens auszuschalten. Von unserer Ablehnung zunehmend enttäuscht, trat er schließlich 2002 aus der Ethikkommission aus und gründete einen eigenen Verein unter dem Namen Suizidhilfe. Nachdem er im Jahr darauf eine weitere Person begleitete, deren Gesuch Exit abgelehnt hatte, kam er in Untersuchungshaft.

Wie stand Peter Baumann nach seinem Rücktritt aus der Ethik-Kommission zu Ihnen?

Er warf mir vor, ich sei systemgläubig und feige. Doch wir blieben Freunde. Seine Einstellung ist mir grundsympathisch. Auch ich neige zu seiner radikalen Haltung; als ehemaliger Handwerker musste ich oft mit dem Brecheisen arbeiten. Doch die Freitodhilfe ist kein Handwerksbetrieb, sie berührt uralte gesellschaftliche Tabus, da dürfen wir nichts überstürzen. Wir müssen die Rollenteilung einhalten. Wir müssen Vertrauen schaffen. Wenn die gleiche Person die Urteilsfähigkeit bestätigt, das Rezept ausstellt und die Freitodbegleitung macht, dann ist das gesetzlich nicht verboten – aber es ist riskant, es ruft die Behörden auf den Plan. Außerdem war Peters Alternative zu Natrium-Pentobarbital nicht akzeptabel. Man kann doch nicht einen Menschen mit einem Plastiksack und Helium helfen – und daneben sitzen die Angehörigen! Eine Begleitung gibt es im würdigen Sinn nur mit Natrium-Pentobarbital. Doch selbst wenn man alle gesetzlichen Vorgaben und alle Regeln einhält und ausschließlich mit dem Medikament beim Sterben hilft: Wer Schwierigkeiten vermeiden will, darf keine Menschen mit psychischen Krankheiten begleiten.

Würden Sie dafür plädieren?

Nein. Psychische Krankheiten gehören mit zu den grässlichsten, die es gibt. Es wäre vermessen, brutal, diesen Menschen prinzipiell die Tür zum Freitod zu verwehren.

WERNER KRIESI ERZÄHLT

David. Im Zweifelsfall später

Es war kurz vor Ostern, als David einem ehemaligen Schulfreund hilft, Fichtenstämme auf einen Anhänger zu laden. Als sich einer der Stämme löst und ihn mitreißt, wird sein Rückenmark durchtrennt.

Als ich ihn einige Jahre später treffe, kann er den kleinen Finger der linken Hand bewegen und so auch die Tasten eines Computers bedienen. Sein Arbeitgeber ist ein großes Ingenieurbüro, bei dem David seit seinem Studium der Materialwissenschaft gearbeitet hat. Nun arbeitet er, nach einer Weiterbildung im IT-Bereich, fast ausschließlich im Großraumbüro, in dem ein Arbeitsplatz mit aller nötigen Technologie für ihn eingerichtet wurde. Als ich ihn dort zum ersten Gespräch abholen will, gibt er mir ein unauffälliges Zeichen, draußen zu warten.

Ein Dorf weiter ist das Haus seiner Familie, hier ist er nach dem Unfall wieder in sein ehemaliges Jugendzimmer gezogen. Er erzählt: «Als mir klar wurde, dass ich für immer gelähmt sein werde, gab ich mir fünf Jahre, um zu entscheiden. Ich finde, dies ist eine sehr lange Frist, um darüber nachzudenken, ob so ein Leben im Rollstuhl einen Sinn hat oder nicht. Die fünf Jahre sind um. Nun weiß ich: Nein!»

Vor dem Unfall führte David das unbeschwerte Leben eines jungen Mannes, der vor Vitalität strotzte: Fischen in Alaska, imposante Klettertouren, mit dem Motorrad durch halb Europa. Nichts davon ist geblieben: «Jeden Abend werde ich aus dem Rollstuhl gehievt, ins Bett gebracht und am Morgen wieder herausgehoben. Meine Familie und die Leute von der Spitex unterstützen sich gegenseitig. Alles, was ich mir einmal vorgenommen habe, ist gestrichen. Mein Psychologe und meine Hausärztin geben sich alle Mühe, dass ich mich mit meinem neuen Leben abfinden kann. Aber die sitzen ja nicht im Rollstuhl! Nun sind alle verärgert, weil ich keine weitere Psychotherapie will. Doch was soll das schon bringen?» Er beschreibt in drastischen Worten, wie jeden Tag jemand käme, seinen Darm zu entleeren, seinen Körper zu reinigen und ihn mit neuen Windeln zu versehen. Erst kürzlich habe er versucht, sich mit Medikamenten das Leben zu nehmen. Nun solle es mit Exit gelingen. Und zwar möglichst bald, noch diesen Monat.

Ich versuche ihm klarzumachen, dass dies nach meinem Dafürhalten eine viel zu kurze Zeitspanne sei. Auch frage ich ihn, ob er sich überlegt habe, wie seine Angehörigen sein Sterben mit Exit verkraften würden. Mit leiser werdender Stimme erzählt er, dass er vor einiger Zeit nach dem Nachtessen seine Pläne den Eltern, seiner Schwester, seinem Schwager und seinem Freund mitgeteilt habe. Auch sein Götti, dem er sehr nahestände, sei anwesend gewesen. Die seien alle dermaßen erschrocken, dass ein weiteres Gespräch gar nicht möglich gewesen sei. Ich schlage vor, ein Familiengespräch zu führen, bei dem sowohl ich als auch der Arzt dabei sein sollte, der das Rezept für das Sterbemittel ausstellen würde. Für seine Angehörigen müsse der ganze Prozess transparent sein, und dazu gehöre, dass sie wissen, mit wem sie es von Exit zu tun haben. Zögernd stimmt er zu und gibt mir schließlich die Erlaubnis, mit seinen Eltern Kontakt aufzunehmen, auch weil seine Mutter mich auf dem Weg zur Wohnung gesehen hätte. Ihren schockierten Blick werde er nie mehr vergessen. Schließlich kann ich ihm auch sein

Einverständnis abringen, vorerst ein halbes Jahr zu warten und sich in dieser Zeit mit einer psychotherapeutisch geschulten Person regelmäßig zu treffen.

Am folgenden Tag erreiche ich Davids Mutter. Ihr sei übel geworden, sie habe sich kaum auf den Beinen halten können, als sie mich gestern zusammen mit ihrem Sohn erblickte! Fast eine Stunde dauert unser Telefongespräch. Ich erfahre manches aus dem Leben dieser Familie, von den Kindern, von den Todesfällen in der Verwandtschaft, auch wie sich Pflege und Familienleben mit dem invaliden Sohn gestaltet, mit allen Hochs und Tiefs. Die Verzweiflung dieser Mutter, vor allem in Gedanken an ein Sterben ihres Sohnes, kann ich in Worten nicht schildern. Sie gibt mir ihr Einverständnis für ein Familiengespräch, wobei sie sich wünscht, dass auch der Freund des Sohnes dabei sei.

Ein paar Tage später schreibe ich David eine Mail.

«Das Gespräch mit Ihnen hat mich sehr bewegt. Ich erlebte Sie als sehr sympathischen jungen Mann und ich wünsche mir nichts mehr, als dass Sie ein Leben führen dürften, wie Sie sich das immer gewünscht haben. Bereits haben Sie fünf Jahre im Rollstuhl hinter sich, und als gesunder Mensch darf ich gar nichts sagen dazu, jedes Wort wäre falsch. Ich wäre so froh, könnten Sie in meine Vorschläge einstimmen...»

Als wir uns sechs Wochen später für das Familiengespräch um einen großen Tisch versammeln, fasst der Vater verzweifelt zusammen: Seit seiner Entlassung aus der Klinik würde sein Sohn sämtliche Therapieangebote hartnäckig ausschlagen. Er lasse alles laufen und unternehme nichts, habe psychotherapeutische Hilfe wie auch sämtliche Maßnahmen abgelehnt, um seine Beweglichkeit zu verbessern. Zudem verhalte er sich mürrisch, unhöflich und ruppig, verziehe sich wortlos nach den gemeinsamen Mahlzeiten auf sein Zimmer. David lässt seine Worte stumm über sich ergehen.

Die Beteuerungen seiner Eltern, seiner Schwester und seines Göttis, sie würden ihn lieben, ihr inständiges Bitten, seinen Sterbewunsch aufzugeben, quittiert er mit der Bemerkung, niemand außer ihm könne wissen, wie man sich in seinem Zustand fühle. Der Götti hebt hervor, wie sehr er ihn bewundere für seine Leistungen bei der Arbeit, dafür, dass er trotz der Behinderung weiterhin eine volle Stelle bei dem Ingenieursbüro innehabe. Exit, sagt er – und wendet sich mir zu –, fände er prinzipiell eine gute Sache. Aber gewiss nicht für sein Göttikind!

Der immer wieder leise weinende Freund äußert vorsichtig sein Verständnis für Davids Sterbewunsch; die Irritation, die er damit bei den Angehörigen auslöst, ist im Raum greifbar. In einem Telefongespräch zuvor hatte mir Davids Vater anvertraut, wie sehr die Eltern des Freundes befürchten, dass ihr Sohn sich an einen Mann binden könnte, dessen Behinderung die Pläne zunichtemachen würde, gemeinsam Kinder großzuziehen.

Welch grässliche Situation für einen jungen Mann, der seinen Freund seit vielen Jahren liebt, sich an ihn gebunden weiß und in einer unausgesprochenen und schmerzlichen Ambivalenz steckt. Verstrickt in der Frage, ob er sich aus dieser Verbindung befreien oder seinem Freund durch alles hindurch die Treue halten solle.

Nach diesem für uns alle aufwühlenden Gespräch rede ich lange mit David darüber, dass er kaum eine reife Entscheidung treffen kann, solange er tagtäglich in diesem spannungsvollen Umfeld lebe. Halte aus!

Jede Familie wäre in einer solchen Situation vielfach überfordert. Schon allein die innerfamiliäre Pflege neigt zu einem hohen Konfliktpotenzial, verbunden mit der erzwungenen körperlichen Nähe. Getragen und unterstützt auch von seiner Hausärztin und seinem Therapeuten, reift in David schließlich die Einsicht, dass der Ausbruch aus den schwierigen Lebensverhältnissen nicht durch einen Freitod geschehen darf. Und somit einigen wir uns darauf, dass der nächste Schritt der möglichst baldige Auszug aus dem Elternhaus sein muss, um dann zu schauen, was mit ihm geschieht.

Bald darauf beziehen David und sein Freund eine großzügige Wohnung in einer nahe gelegenen Stadt. Stolz führen sie mich durch die schön eingerichteten Räume. Beide stehen voll im Berufsleben, beide planen eine Weiterbildung. Doch zuvor werden sie eine große Reise unternehmen. Ein halbes Jahr haben sie sich dafür freigehalten. Angesprochen auf seinen Sterbewunsch sagt David: «Er kommt immer wieder hoch. Aber ich weiß: Im Zweifelsfalle später.»

Ich bin erleichtert. Das ist das, was wir uns alle erhofft hatten. Ich denke, dass auch die grundsätzliche moralische Akzeptanz seines Sterbewunsches damit zu tun hat, dass David sein Schicksal gelassener tragen und lernen kann, die ihm weiterhin gegebenen Möglichkeiten auszuschöpfen. In diesem so geschaffenen Freiraum ist es möglich, sich für das vorläufige Weiterleben zu entscheiden, immer im Wissen, dass, wenn es nicht mehr geht, ihm die Sterbehilfe nicht verweigert würde.

Seither habe ich ihn immer wieder gesehen. «Im Zweifelsfall später!» Wenn ich ihn so zitiere, nickt er jedes Mal lächelnd. Die Tür steht offen.

WERNER KRIESI ERZÄHLT

Marie. Sie wartet nicht

Gleich zu Beginn unseres ersten Treffens sagt sie: «Gelled Sie, ich wott nit warte.»

Wieder ist es eine der Begegnungen, die mich so erdrückt, dass ich kaum die Fassung wahren kann. Zwei Stunden spreche ich mit dieser liebenswerten jungen Frau, die mir offen und zugleich mit auffallend wenig wahrnehmbaren Gefühlsregungen von ihrem Schicksal erzählt. Sie bewohnt allein eine großzügige, moderne Wohnung, top eingerichtet, damit sie sich so selbstständig wie möglich bewegen kann. Das Haus steht auf einer Anhöhe mitten in den Weinbergen, recht abseitig. Diese Wahl steht im engen Zusammenhang mit ihrer Geschichte.

Nicht weit entfernt, mitten in der sattgrünen Ebene, vom Fenster aus zu sehen, liegt die stattliche Kelterei ihres ehemaligen Verlobten. Als klar wurde, dass sie als Tetraplegikerin den Rest ihres Lebens im Rollstuhl verbringen würde, löste er die Beziehung nach mehr als einem Jahrzehnt auf. Seine Familie ist seit Generationen im Weinbau und Weinhandel tätig, für schweizerische Verhältnisse ein Großbetrieb, den er bald übernehmen wird.

Nach dem Schulabschluss lässt sich Marie zur Hundeführerin ausbilden und arbeitet mit Lawinen- und Spürhunden. Als sie ihren Freund kennenlernt, zieht sie mit ihm zusammen, gibt ihre Tätigkeit auf und beginnt, auf dem Weingut mitzuarbeiten. Sie lernt mit den Maschinen umzugehen, fährt Traktor und engagiert sich daneben in der Hundezucht. An einem regnerischen Herbsttag weicht sie auf einem Feldweg einem parkierten Fahrzeug aus; der Traktor rutscht ab und überschlägt sich einige Male.

Nach langem und hartem Training gelingt es ihr, mithilfe der Greifreifen den Rollstuhl selbstständig zu fahren. Sie tritt einem Rollstuhlrugbyteam bei, reist zu Turnieren im In- und Ausland. Eine Stelle ist ihr sicher, sobald sie in einem halben Jahr die Lehre zur Kauffrau im Automobilgewerbe abgeschlossen haben wird. Um diese aus meiner Warte positiven Entwicklungen zu erfahren, muss ich mehrfach nachfragen. Was Marie mir hingegen schon gleich zu Beginn unseres Gesprächs freimütig beschreibt, ist die morgendliche Darmentleerung, die von der Spitex durchgeführt werde. Einmal sei keine der ihr bekannten Frauen, sondern ein Mann gekommen. Als sie sich weigerte, sich von ihm behandeln zu lassen, hätte sich die Leiterin der örtlichen Spitex beschwert und sie aufgefordert, sie solle doch endlich über ihren Schatten springen und ihre Empfindlichkeiten aufgeben.

Es sind wohl anderthalb Stunden vergangen – wir sitzen einander am Stubentisch gegenüber –, als ihr die Tränen in die Augen treten. Sie dreht den Rollstuhl Richtung Fenster. «Schauen Sie dort hinunter ins Tal, dort zur Kelterei meines ehemaligen Verlobten, ganz hinten rechts können Sie das Auto seiner neuen Freundin erkennen!» Es bricht aus ihr heraus, dass sie alles getan habe, um ihre Schulter- und Armmuskulatur so zu trainieren, damit sie alle erdenklichen Arbeiten erledigen könnte. Im Haus wie auf dem Weingut. Sie liebe ihn wie eh und je.

Ich gebe mir größte Mühe zu verbergen, wie mich ihre Schilderungen aufwühlen; erst auf der Heimfahrt kann ich meinen Emotionen freien Lauf lassen. Unwillkürlich geht mir ein Bibelvers durch den Kopf, der schon so mancher Predigt als Grundlage diente: «Denen, die Gott lieben, müssen alle Dinge zum Besten dienen». [Römer 8.28.] Kirchliche Gegner der Sterbehilfe zitieren diesen Vers, wenn sie der Spiritualisierung des Leidens das Wort reden. Das Leiden wird als Lebensschule, als vertiefte Entwicklung, als Neuanfang hervorgehoben, als eine Befreiung von allen oberflächlichen Vergnügungen der Gesellschaft.

Marie wirkt zugänglich, als ich sie bitte, den Schritt zum Sterben nicht zu übereilen und Kontakt mit einer Psychiaterin aufzunehmen, die ich in solchen Situationen schon oft zu Hilfe gezogen habe. Nach einer so kurzen Zeit, nach nur knapp drei Jahren, so versuche ich ihr zu vermitteln, könne niemand wissen, ob schließlich nicht doch eine Versöhnung mit einem Leben im Rollstuhl möglich sei. Die meisten Tetraplegiker könnten sich auf das Schicksal einstellen und – häufig nach einem Berufswechsel – ein gutes Leben führen.

Einen Tag später spreche ich auf ihre Erlaubnis hin mit ihren Eltern. Marie wird medizinisch, therapeutisch und psychologisch gut betreut. Die Psychiaterin, ihr Hausarzt, die Eltern, ich und alle, die ihr nahestehen: Wir geben unser Bestes, damit sie wartet. Es vergehen acht Monate, in denen wir Marie das Äußerste abverlangen. Schließlich bestätigt die Psychiaterin die Urteilsfähigkeit und schreibt das Gutachten. Der Hausarzt ist bereit, das Rezept auszustellen. Die Ethikkommission diskutiert Maries Gesuch und empfiehlt, ihm stattzugeben. Ich gerate in einen schweren, inneren Konflikt: Habe ich, nachdem formal alles abgeschlossen ist, das Recht, Marie weitere Wartezeit aufzuerlegen? Darf ich in dieser Situation die Freitodbegleitung verweigern? Ich habe die wiederholte Bitte der Mutter im Ohr: Helfen Sie meiner Tochter!

Hätte ich länger Nein gesagt, ich wäre mir brutal vorgekommen.

Meinen Sie, ich sei ein Macho?

Werner Kriesi öffnet den Rucksack und legt schwungvoll ein Buch auf den Tisch: «Die Wahrheit über Eva. Die Erfindung der Ungleichheit von Männern und Frauen», geschrieben von dem Anthropologen Carel van Schaik und dem Historiker Kai Michel. Er schiebt es so weit wie möglich in meine Richtung – wir sitzen uns mit Coronamasken bei offenen Fenstern an den am weitesten voneinander entfernten Seiten des Esszimmertisches gegenüber – und sagt: «‹Durch eine Frau kam die Sünde in die Welt und mit der Sünde der Tod.› So hat Paulus sich im Römerbrief ausgelassen. Was für ein biblischer Unsinn! Mit was für einer verheerenden Wirkung!»

Das Buch hat ihn beeindruckt, es sei ein wichtiges Buch, er habe es schon dreimal verschenkt. Auch er habe das Patriarchat mit der Muttermilch aufgesogen. Er habe nichts anderes kennengelernt. Und das auch als von Gott gewollt verstanden. «Es wird die Frau zum Manne hinziehen, und er soll ihr Herr sein», so zitiert er nochmals die Bibel und schaut mich an. Er sieht heute sehr elend aus.

Um das darauf folgende Schweigen zu überbrücken, versuche ich es mit der Art von halbem Scherz, die uns bisher schon über so manche Klippe geholfen hat. Ich sage: «Unser Verleger und ich fragten uns gestern, ob Sie nicht ein rechter Macho seien. Jedes Mal, wenn ich einen längeren Abschnitt geschrieben habe, fragen Sie: Was sagt der Verleger dazu?»

«Das würde ich auch sagen, wenn er eine Frau wäre! Und Sie ein Mann.» Und nach einer Pause: «Meinen Sie wirklich, ich sei ein Macho?»

«Nun», antworte ich, «dass Sie zumindest mal einer waren, ist leicht zu spüren.» Er schaut mich zweifelnd an und sagt: «Ich schenke Ihnen das Buch.» Ich ziehe dieses von der Mitte des Tisches zu mir, schlage es auf und lese die ersten zwei Worte vor: «Arme Eva!»

«Wäre ich hart genug gewesen», sagt Werner Kriesi, «dann hätte ich Marie, hätte ich auch meiner Jugendliebe die Freitodhilfe verweigert. Wären sie Männer gewesen, hätte ich den Widerstand gehabt. Doch so hatte ich tiefste Hemmungen, meine Dominanz zu leben.»

Er erzählt von einer psychisch kranken Frau. Um die vierzig. Auch zu ihr hatte er nicht Nein sagen können. Die Begegnungen mit dieser Frau hatte er bei unseren Treffen bisher nur angedeutet. Ihr Tod und seine Entscheidung nach einer langen Zeit des Ringens, ihr im Auftrag von Exit zu helfen, gehen ihm noch immer sehr nahe, lassen ihn nicht los. Dass die Ethikkommission von Exit keine Einwände hatte, der Bitte der Frau stattzugeben, entlastet ihn nicht. Ebenfalls nicht die Gutachten einer Reihe auch bekannter Psychiater. Die Dokumente von Therapeuten, Wegbegleitern. Er liest mir Auszüge aus all den Unterlagen vor. Er redet lange, und ich verspreche – außer diesem Absatz hier –, nichts weiter von der Frau zu berichten. Dies sei nun doch zu persönlich. Es ist eines unserer emotional aufwühlendsten Treffen.

Früher, so hatte vor wenigen Wochen sein jüngster Sohn gesagt, als er seinen Vater einmal mit dem Auto brachte und für eine Weile mit hinaufkam, sei sein Vater ein Vulkan gewesen, kurz vor der Eruption. Und auch immer mal wieder darüber hinaus. Doch inzwischen sei er milder, weiser geworden, die Wut über Ungerechtigkeiten jedoch nicht kleiner. Der

Sohn erzählte eine Reihe von Anekdoten über seinen Vater im Talar und wie er seine Autorität und Dominanz ins Spiel gebracht hätte, um manchen Konflikt ruckzuck und tatkräftig zu lösen. Wir lachten.

Oft hat mir Werner Kriesi von seiner Mutter, seinen Tanten, seinen Großmüttern berichtet, auch über die Frauen damals aus seinem Dorf und der Umgebung. Wie entbehrungsreich ihr Leben war, wie hart sie alle arbeiten mussten, wie viele Kinder sie großzogen, wie sie kaum für anderes Zeit hatten als für die Frage: Wie kommen wir über den nächsten Winter? Er sprach von ihnen als feinfühligen Wesen, die unter ihren Männern sehr gelitten haben müssen. Über diese spricht er oft als «Pflöcke», unbewegliche, engstirnige, rücksichtslose Typen, die nicht nur die Frauen, sondern auch die Kinder unterdrückten, die in «bester Absicht prügelten», «von morgens bis abends chrampften» und vor allem am Wochenende viel becherten, jassten und im Wirtshaus saßen.

Dass er heute mit der Idee kommt, er sei zu sanft zu Frauen – was ja durchaus auch als Ausdruck eines Machismo gesehen werden kann –, erscheint mir als einer der vielen Versuche, rational nachvollziehbar zu machen, dass er seiner Jugendliebe, Marie und jener erwähnten psychisch kranken Frau den Todeswunsch erfüllt hat.

Ich frage ihn, ob er ein schlechtes Gewissen habe. Er verneint, meint, das sei der falsche Begriff. Ich frage, ob er sich nicht übernehme, sich Übermenschliches zutraue, wenn er glaube, dass es ihm gelingen müsse, Menschen von ihrem Todeswunsch abzubringen, wenn er meine, dieser sei nicht angemessen. Dass es bei David gelungen sei, sei ein Glücksfall. Dass es bei Marie scheiterte, habe doch auch mit Umständen zu tun, die er nicht ändern könne. Hätte uns nicht gerade hier Epiktet geholfen zu verstehen, dass wir nur dann innere Freiheit finden können, wenn wir lernen zu unterscheiden, was in unserer Macht liegt und was nicht? Ob es nicht vermessen sei, was er da von sich verlange? Schließlich sei er als Sterbehelfer ...

Ich unterbreche meinen Satz, weil mir auffällt, dass ich heute schon mehrfach «Sterbehelfer» gesagt habe, obwohl ich in unseren Gesprächen sonst fast ausschließlich den Begriff «Freitodbegleiter» verwende.

Schließlich sei er, beginne ich nochmals, als Sterbehelfer oder Freitodbegleiter eines der letzten Glieder einer Kette von Entscheidungen, an denen die Familie, die Ärzte, die Psychiater, das therapeutische Betreuungsteam, Exit, die Ethikkommission und viele andere beteiligt seien.

Wir haben beide keinen klaren Kopf mehr, um all das abzuwägen. Und so erzählt er mir am Ende dieses Treffens von einem Erlebnis, das noch einmal all die Ambivalenzen aufzeigt. Eine Geschichte mit gutem Ausgang, ohne dass er diesmal beteiligt gewesen wäre.

Damals, noch als Pfarrer, war unter meinen Konfirmanden eine Sechzehnjährige, deren Eltern ihr strikt verboten hatten, einen Jungen zu treffen, in den sie frisch verliebt war. Und so schlich sie sich eines Nachts heimlich aus dem Haus. Als sie über das hohe, verschlossene Tor der Einfahrt klettern wollte, stürzte sie. Bald darauf wurde ich als Pfarrer zu ihr in die Klinik gerufen. Sie war querschnittgelähmt.

Vor einigen Jahren habe ich sie zufällig wiedergetroffen, drei-

ßig Jahre nach dem Unfall. In den ersten fünf Jahren ihrer Tetraplegie wollte sie unbedingt sterben, jeden Tag hätte sie es sich gewünscht, erzählt sie mir. Damals gab es Exit zwar schon, doch die Organisation sei nicht in ihrem Bewusstsein gewesen, abgesehen davon, dass Exit ja anfangs nur Menschen in der Endphase einer zum Tode führenden Krankheit half. Freitodhilfe war also keine Option. Nach fünf Jahren sei es wie eine Erleuchtung über sie gekommen, dass sie aus ihrem Leben etwas machen müsse und könne. Sie lernte einen Mann kennen, auch Tetraplegiker, mit dem sie seither zusammenlebt. «Ein Glück», sagt sie, «kannte ich damals Exit nicht. Ein Glück, dass es die Möglichkeit nicht gab und ich sie so gar nicht erst in Betracht ziehen konnte.» Dass ich nun für diese Organisation als Freitodbegleiter arbeiten würde, das könne sie allerdings gut verstehen.

Dann springe ich.
Keine Dienstleistung auf Abruf

Sie sagte zu mir: «Dank des Mittels bin ich nicht vor den Zug.» Das war für mich der entscheidende Satz. Ein Jahr später wurde ihr das Döschen mit Natrium-Pentobarbital, das sie immer bei sich trug, in einer psychiatrischen Klinik abgenommen. 2007 wurde gegen mich ein Strafverfahren eröffnet.

Bei der Einvernahme erklärte ich dem Staatsanwalt, ich hätte die Frau entlasten und ihr den Freiraum geben wollen, ihren Suizidwunsch zu überdenken. Er schaute mich zweifelnd an. Da nahm ich mein Handy heraus und suchte eine SMS, die ich von einer anderen Frau vor Jahren erhalten hatte – geschrieben nur wenige Augenblicke vor ihrem Tod. Sie war ebenfalls psychisch krank, Mutter zweier Kinder. Exit hatte ihren Antrag auf Freitodbegleitung abgelehnt – es waren die Jahre des Moratoriums. Ich gab das Handy dem Staatsanwalt, damit er lesen konnte, was sie geschrieben hatte:

«Lieber Herr Pfarrer Sie haben sicher das Möglichste getan für mich. Doch ich habe kein Rezept bekommen. Ich stehe nun am Gleis zwischen Muttenz und Pratteln. Haben Sie vielen Dank für alles.»

Der Staatsanwalt starrte lange auf das Handy.

Er sagte: Das ist aber heavy, das ist aber heavy.

Ich darauf: Ja, das ist heavy. Das habe ich verhindern wollen, das wollte ich nicht nochmals erleben.

Er: Ich stelle das Verfahren ein.

Ich: Ich will das nicht.

Er: Doch, denn sonst stehe ich blöd da. Mit dieser SMS werde ich mit meiner Anklage nicht durchkommen. Das ist nicht gut für meinen Ruf.

Ich: Mir wäre ein Gerichtsurteil lieber, damit es in dieser Frage zu mehr Klarheit kommt.

Herr Kriesi, zu einem Gerichtsurteil kam es nicht. Das Verfahren wurde zwei Jahre später eingestellt. Ihnen wurden die Verfahrenskosten von 1000 Franken auferlegt, weil sie «einen Arzt zu einer nicht gesetzeskonformen Abgabe des Sterbemittels veranlasst» hätten.[116] Doch seien, so der Staatsanwalt, die Tatfolgen «objektiv gesehen geringfügig», weil die Frau das Mittel nicht eingenommen habe. Zudem hätten man nicht widerlegen können, dass Sie im Sinn einer Suizidprophylaxe gehandelt hätten. Daniel Hell, der damalige Direktor der Psychiatrischen Universitätsklinik Zürich, kommentierte: «Was Kriesi tat, ist keine fachlich anerkannte Suizidprophylaxe.» Die Übergabe des Sterbemittels könne geradezu als «Aufforderung zum Suizid» verstanden werden.

Nicht wenige Menschen haben mir bestätigt, dass der Besitz eines solchen Mittels eine wohltuende Ruhe verschaffe, weil sie so jederzeit die Möglichkeit für einen schmerzlosen Abgang haben. Was übrigens nicht wenige Ärzte und Apotheker selbstverständlich für sich und ihre Angehörigen beanspruchen, da sie ja problemlos Zugang zum Mittel haben. Meines Erachtens eine Rechtsungleichheit, die unserer Bundesverfassung widerspricht, die gleiche Rechte für alle garantiert!

Ich nehme dennoch an, dass Sie nicht jedes Mal einen Arzt überzeugen, das Rezept auszustellen, wenn die Exit-Regeln die Abgabe des Sterbemittels nicht erlauben, Sie jedoch anderer Meinung sind. Außerdem können Sie sich ja kaum darauf verlassen, dass dies immer als Suizidprophylaxe wirkt.

Nein, die Abgabe an die Frau war eine Ausnahme. Suizidhilfe immer dann zu organisieren, wenn die Gefahr droht, dass jemand einen brutalen Suizid macht – das ist undenkbar. Auch wenn ich oft eine tiefe Verbindung zu den Menschen habe, die ich als Freitodbegleiter kennenlerne – und das starke Bedürfnis zu helfen.

Sie sind also immer wieder mit einsamen, gewaltsamen Suiziden konfrontiert, weil Exit nicht helfen kann und will?

Vor allem mit Peter Holenstein, dem ehemaligen Geschäftsführer von Exit, habe ich intensiv darüber diskutiert, ob wir die Freitodhilfe nicht auf Existenzkrisen jeden Alters ausdehnen sollten, um brutale Suizide zu minimieren. Peter Holenstein kannte all das Elend – er hatte sich vor seiner Tätigkeit bei Exit als Journalist mit dem Thema Suizid beschäftigt. Und ich kannte es aus meiner Pfarrzeit.

Ich war der Auffassung, dass Suizidhilfe in Existenzkrisen der Urbestimmung von Exit widerspricht. Walter Baechi und die anderen hatten bei der Gründung 1982 diese bewusst ausgeschlossen – eine gescheite Eigenbegrenzung, um hoffnungslos erkrankten Menschen zu helfen. Der Preis ist die Abhängigkeit von den Behörden, von Ärzten, Psychiatern, den Gutachten und Rezepten. Doch das ist gut so. Ansonsten würden wir das Vertrauen in Exit verspielen.

Wie gehen Sie damit um, wenn Exit nicht helfen kann und die Person mit Selbstmord droht?

Während meiner gesamten Pfarramtstätigkeit kamen Menschen zu mir, die sich sicher waren, dass nur der Suizid helfen könne. Oft genug habe ich die Leute ins Auto gepackt und bin mit ihnen in die Klinik gefahren. Ich stand in gutem Kontakt zu einigen Psychiatern. Als Seelsorger habe ich ausnahmslos alles unternommen, um Suizide zu verhüten und den Menschen zu helfen, ihren Tunnelblick auszuweiten. Und so mache ich es weiterhin. Für einen Menschen in der Suizidkrise muss alles in Bewegung gesetzt werden, um ihm da rauszuhelfen, durch Seelsorge, Psychologie, Psychiatrie, durch Hilfe jeglicher Form. Die Erfahrung zeigt, dass sehr vielen in solch einer Lebenskrise geholfen werden kann. Sehr vielen. Jedoch nicht allen.

Nicht allen. Das sind dann unter Umständen die psychisch Kranken, die zu Exit kommen und nach allen Abklärungen die Zustimmung zum begleiteten Suizid erhalten. Und dann liegt unter Umständen die Verantwortung für den letzten Schritt der Freitodhilfe bei Ihnen, Herr Kriesi.

Diese Situationen haben sich immer wieder bis ins Unerträgliche zugespitzt. Es ist schlimm, wenn die Kranken so jung sind. Man denkt, da müssen sie doch rauskommen. Man denkt, es müsse doch irgendeinen Weg geben. Immer wieder habe ich alles versucht. Alles. Und musste dann doch irgendwann einsehen, dass das Leiden so groß war, dass ich zustimmen und die Kranken in den Tod begleiten musste. Was kann ich als Strotzgesunder schon wissen, was so ein Mensch erlebt? Gesunde Menschen sind nicht kompetent zu beurteilen, was kranke Menschen zu ertragen haben. Doch wie ich mich auch entscheide, ob Begleitung oder Verweigerung: Beides ist belastend. Ich kann dem nicht ausweichen.

Ich habe im Elend gebadet. Schon während meiner Pfarrzeit. All die Zerwürfnisse, Familiendramen, Suizide. Die Gespräche mit traumatisierten Menschen, die auf tragische Weise Angehörige verloren haben. Es gab Wochen mit fünf Beerdigungen und fünfzehn bis zwanzig seelsorgerischen Gesprächen. Bei Exit habe ich dann – vor allem während meiner Zeit als Leiter des Freitodteams – viele Begleitungen durchgeführt, die die anderen nicht übernehmen wollten. Ich darf gar nicht an die Maturandin denken, achtzehnjährig, Leukämie im Endstadium. Ich begleitete sie am Tag vor der Maturareise ihrer Abschlussklasse ...

Wir haben viel vom Selbstbestimmungsrecht der Kranken und Sterbewilligen gesprochen. Eine Frage ist, wie weit darf dieses Recht gehen? Ein Beispiel aus dem Jahr 2000: Der Zürcher Kirchenrat schreibt in einer Stellungnahme zur «Kultur des Sterbens», dass Selbstbestimmung und Selbstverantwortung in Sterbe- und unerträglichen Leidenssituationen ihre Grenzen hätten.[117] Ihr Kollege und Freund Peter Baumann antwortet darauf in einem Leserbrief, dass gerade in Sterbe- und unerträglichen Leidenssituationen Selbstbestimmung und Eigenverantwortung ihre absolute Bedeutung erhielten.[118] Zuvor hatte er den Verein SuizidHilfe gegründet, der sich «für das absolute Verfügungsrecht jedes urteilsfähigen Menschen über sein Leben» einsetzt.[119] Meines Erachtens rückt bei dieser Betonung des Absoluten zu sehr in den Hintergrund, dass es auch ein Selbstbestimmungsrecht derjenigen gibt, die um Hilfe gebeten werden. Freitodhilfe gehört zu den Situationen, in denen die Fähigkeit, Regisseur des eigenen Lebens zu sein, dadurch eingeschränkt wird, dass Dritte im Spiel sind, die ebenso das Recht haben, Regie über ihr Leben zu führen. Und damit auch Nein zu sagen.

Wer Mitverantwortung übernimmt, hat das Recht, Bedingungen zu setzen. Diese müssen tiefgehalten werden, um die Autonomie, die Selbstbestimmung nur so weit einzuschränken, wie es nicht anders geht. Das ist die Aufgabe, die sich Exit bei der Freitodhilfe gesetzt hat. Exit bietet keine Dienstleitung auf Abruf. Werden die Bedingungen nicht erfüllt, dann müssen wir die Begleitung ablehnen – und somit akzeptieren, dass es Menschen geben kann, die vor den Zug springen, sich erhängen, erschießen oder vergiften.

Haben Sie schon einmal die Freitodhilfe verweigert, nachdem alle Bedingungen erfüllt waren?

Nein. Oft habe ich lange gezögert. Immer wieder ist es mir ja auch gelungen, einen Sterbewilligen umzustimmen. Auch weil es entlastend war, dass die Tür zum Freitod offenstand und ich so seelsorgerische Gespräche im nichtkirchlichen Sinn führen konnte. Doch wenn die Menschen bei ihrem Wunsch blieben … Manche Begleitungen verfolgen mich bis heute.

Bei allem, was Sie erleben: Wie gehen Sie mit Ihren Gefühlen um?

Ich habe eine sehr harte Erziehung gehabt – und gelernt, meine Gefühle zu beherrschen. Als Kind habe ich unzählige Mal gehört: Ein Bub weint nicht, nur Weiber und Mädchen. Ich habe ein inneres Heulen. Wenn ich meinen Elendsgefühlen Raum geben will, dann gehe ich in den Wald. Aber vor anderen Menschen? Nein! Ich kann meine Gefühle nicht zum Ausdruck brin-

gen, wenn Menschen um mich sind. Dabei heißt es doch in der Bibel: Weine mit den Weinenden, lache mit den Lachenden.

Ich bin froh, dass mein Leben bald vorbei ist. Wäre da nur nicht der Schmerz, mich von meinen Angehörigen verabschieden zu müssen.

Der Vater des Vaters

«... ich wollte Sie fragen: Wäre jetzt nicht der Sommer für unser Buch?»

Bei einem Sommer blieb es nicht. Auf den Tag genau ein Jahr ist vergangen seit meinem Anruf bei Werner Kriesi. Es war eine herausfordernde Zeit. Für ihn, für mich. Morgen erwartet der Verleger das Manuskript.

Vielleicht reicht bis zum Druck die Zeit, dass wir die Ergebnisse der Gentests zurückerhalten. Sie könnten die Vermutung in Gewissheit umschlagen lassen, dass der Vater des Vaters von Werner Kriesi aus der Ostschweiz stammt. Ein Industrieller, Politiker, Katholik. Bekannt damals im ganzen Land. Mit großer Familie. Und vielen Hausangestellten. Drunter eine Dienstmagd, Werner Kriesis Großmutter. Soweit jedenfalls die Indizien.

Ende September letzten Jahres war nicht klar, ob wir unser Buchprojekt zu Ende bringen sollten. Es war viel anspruchsvoller, als wir uns das vorgestellt hatten. Sich auf der Terrasse unter dem Sonnenschirm treffen, einen Kaffee trinken und das Leben erzählen? Selbst wenn man nicht knapp neunzigjährig ist und seit bald 25 Jahren als Freitodbegleiter gearbeitet hat, ist das ein rechtes Unterfangen. Ich habe es unterschätzt. Werner Kriesi wohl auch.

Als sein jüngster Sohn während dieser Zeit einmal mit dabei war und sogleich spürte, in welch kritischer Phase wir uns befanden, sagte er zu seinem Vater: «Es wird Zeit, dass du endlich mal alles erzählst.»

Und so kamen wir auch auf den Ausflug der beiden in die

Ostschweiz zu sprechen. Begleitet von einer Historikerin. Zur herrschaftlichen Villa, in der der Vater von Werner Kriesi vermutlich gezeugt, jedoch nicht geboren wurde. Zur Geburt – hier gibt es amtliche Dokumente, allerdings ohne den Namen des Kindsvaters – ging die Großmutter von Werner Kriesi in ein Entbindungsheim, so wie es für «gefallene Mädchen» damals üblich war. Die ehelichen Kinder oder die als solche galten, kamen für gewöhnlich daheim auf die Welt.

Es war ein bewegendes Gefühl, daran zu denken, dass in diesen vornehmen Gemächern unsere fromm erzogene und sehr hübsche Großmutter sich in aller Heimlichkeit, in unglaublicher innerer Spannung und Zerrissenheit, sich ihrem mehr als dreißig Jahre älteren Patron hingegeben hat. Wir wissen es nicht. Vielleicht lebte der Patron in schwerem ehelichem Zerwürfnis. Aber das brauchte es nicht einmal. Was war damals schon ein Dienstmädchen? Warum sollte der Patriarch sich eine solche Gelegenheit entgehen lassen? Er hatte Geld, Ansehen, Position. Und als guter Katholik stand ihm der Beichtstuhl offen. Meine Großmutter nahm alles Wissen mit sich ins Grab, und in der ganzen großen Verwandtschaft war das Thema tabu.

Dies waren meine Gedanken, als wir die Villa durchschritten – im Parterre eine kunstvoll geschmückte Hauskapelle und zuoberst unter dem Dach die kahlen und kalten Zimmer der damaligen Dienstmägde und Hausburschen. Unten Marmor, Eiche und Mahagoni und vergoldete Figuren. Oben dürftig gestrichenes Tannenholz, weit und breit keine Heizung, dafür hochgesetzte Fensterbrüstungen, die den Blick ins Freie verhindern. Im selben Haus, die soziale Spannung sichtbar und herrschend zwischen denen im Licht und denen im Schatten, empfing meine Großmutter meinen Vater. Und alles fand seine Fortsetzung in dem Leben, das meinem Vater geschenkt wurde, vielleicht darf man auch sagen: aufgebürdet.

Im Goal

Die Enkel sind viel bei den Großeltern. Oft geht Werner Kriesi mit ihnen wandern. Oder er begleitet sie zum Fußballspiel auf die Dorfwiese. Kürzlich fehlte jemand im Tor. Und so schlug der ältere Enkel vor: «Großvati, gang du is Gool.» Als das Spiel vorbei war, meinte ein kleines Mädchen, das mitgespielt hatte: «Sie, losed Sie, für dass Sie so en alte Maa sind, sind Sie no ganz guet im Gool.»

Werner Kriesi lacht, als er mir das erzählt.

«Ich bin bald 89 Jahre alt. Ich hatte ein langes, zum Teil schwieriges, aber außerordentlich erfülltes Leben. Missen möchte ich nichts. Dafür bin ich dankbar. Ohne meine nächsten Angehörigen würde es mir langen. Wie ich sterben werde? Wir werden sehen. Ich werde mir zu helfen wissen. Weitergehen muss es danach für mich nicht. Ich brauche keine Gesangsübungen mit Engeln.»

Anmerkungen

Die zitierten Webseiten wurden letztmals abgerufen am 12. August 2021.

1 Neue Zürcher Zeitung, 23. Januar 1975: Das Dilemma einer Stadträtin. Anschuldigungen gegen Prof. Haemmerli (pz.).
2 Klaus Thiele-Dohrmann: Wenn die Uhr abgelaufen ist … Die Zeit, 31. Januar 1975.
3 The New York Times, 7. Dezember 1975: Physician notes euthanasia shift.
4 Bundesamt für Justiz: Die verschiedenen Formen der Sterbehilfe und ihre gesetzliche Regelung: bj.admin.ch/bj/de/home/gesellschaft/gesetzgebung/archiv/sterbehilfe/formen.html.
5 Ebenda.
6 Kolosser 2.8, zitiert nach der Zürcher Bibel.
7 Augustinus: Vom Gottesstaat. De Civitate Dei, Buch 8.10.
8 Ebenda, Buch 1.17.
9 Ebenda, Buch 1.20.
10 Ebenda, Buch 21.10.
11 Hier und im Folgenden: Ebenda, Buch 19.4.
12 Aline Steinbrecher (2016): Selbstmord. Freitod. In: Historisches Lexikon der Schweiz: hls-dss.ch/de/articles/017450/2016-06-22/.
13 Vgl. etwa Matthias Ackeret in: Die Sterbehilfe in der Schweiz ist längst außer Kontrolle, 4. Januar 2019 auf swissinfo.ch.
14 Vgl. hierzu und zum Folgenden: Standesinitiative des Kantons Zürich. Sterbehilfe für unheilbar Kranke. Bericht der Kommission des Nationalrates (BBl 1978 II 1529), 3. November 1978: fedlex.admin.ch/eli/fga/1978/2_1529_/de.
15 Ebenda.
16 Bundesamt für Justiz: Die verschiedenen Formen der Sterbehilfe und ihre gesetzliche Regelung: bj.admin.ch/bj/de/home/gesellschaft/gesetzgebung/archiv/sterbehilfe/formen.html.
17 Schweizerische Akademie der Medizinischen Wissenschaften SAMW (1976): Richtlinien für die Sterbehilfe.
18 Daniel Häring: Rechtliche Rahmenbedingungen für eine Suizidhilfe bei betagten Menschen. Rechtliches Memorandum erstattet an Exit (Deutsche Schweiz), 9. Oktober 2019, S. 12.
19 Thomas von Aquin: Über den Totschlag. In: Summa theologica, II.II.64.5.

20 Ulrich Horst (2017): Thomas von Aquin. Predigerbruder und Professor, S. 297.
21 Deuteronomium 32.39, zitiert nach der Zürcher Bibel.
22 Thomas von Aquin: Sünden werden durch die Erfahrung von etwas Schmerzlichem bestraft. In: Summe gegen die Heiden, III.II. 145.
23 Matthäus 25.41, zitiert nach der Zürcher Bibel.
24 Kongregation für die Glaubenslehre (2020): Samaritanus bonus. Schreiben über die Sorge an Personen in kritischen Phasen und in der Endphase des Lebens.
25 Walliser Bote, 1. März 2019: Respektieren, aber nicht gutheissen (mgo.).
26 Vernehmlassungsantwort der Evangelisch-reformierten Landeskirche des Kantons Zürich zum bundesrätlichen Vorschlag zur Änderung des Strafgesetzbuches und des Militärstrafgesetzes betreffend die organisierte Suizidhilfe, 29. Januar 2010.
27 Dieser Bericht ist eine andere Fassung von: Aus der Praxis der Freitodbegleitung – ein Schicksal, das uns harte Fragen stellt und Antworten verweigert. In: Hans Wehrli, Bernhard Sutter, Peter Kaufmann (Hrsg.) (2015): Der organisierte Tod. Sterbehilfe und Selbstbestimmung am Lebensende. Pro und Contra.
28 Aus dem von Walter Baechi selbstverfassten Lebenslauf kurz vor seinem Tod, abgedruckt in Exit-Info 3/2014, S. 20–22.
29 Standesinitiative des Kantons Zürich. Sterbehilfe für unheilbar Kranke. Bericht der Kommission des Nationalrates, 3. November 1978, S. 1530.
30 Hedwig Zürcher: Wie Exit (Deutsche Schweiz) entstanden ist. In: Exit (1987): Fünf Jahre Exit (Deutsche Schweiz). Zusammenstellung und Begleittexte Walter Baechi.
31 Vgl. hierzu und im Folgenden auch: Daniel Suter (2012): 30 Jahre Einsatz für Selbstbestimmung. Exit (Deutsche Schweiz) 1982–2012. Ein Überblick.
32 Kurzmeldung in der Neuen Zürcher Zeitung, 6. April 1982, S. 36.
33 Vgl. hier und die folgenden Zitate: Walter Baechi: Sterbehilfe-Postulate. In: Walter Baechi & Karl Zimmermann (1983): Sterbehilfe.
34 Yvonne-Denise Köchli: Den letzten Schritt muss sie allein tun. Hedwig Zürcher, Exit-Initiantin, will der aktiven Sterbehilfe zum Durchbruch verhelfen. Die Weltwoche, 19. Januar 1989.
35 Schweizerisches Bundesblatt Nr. 32, Band IV, S. 32.

36 Vgl. Lorenz Engi: Die «selbstsüchtigen Beweggründe» von Art. 115 StGB im Licht der Normentstehungsgeschichte. Jusletter, 4. Mai 2009.
37 Peter Holenstein: Von der Moderne überrannt. Die Weltwoche 2004/22.
38 Exit-Info 1/2020, S. 12.
39 Martin Müller: Exit-Spitze macht gute Geschäfte mit dem Tod. Der Beobachter, 16. März 2001.
40 Stand Ende 2018; Exit-Info 3/2019, S. 15.
41 Hans Wehrli: Exit und die Finanzkrise. Exit-Info 4/2008.
42 Siehe hierzu: Detaillierte Erfolgsrechnung. Exit-Info 2/2002.
43 Attila Szenogrady: Zolliker PR-Guru wegen übler Nachrede verurteilt. Zürichsee-Zeitung, 7. Juni 2005
44 Exit-Info 1/2003, S. 31.
45 Exit-Info 3/2003, S. 21.
46 Attila Szenogrady: Zolliker PR-Guru wegen übler Nachrede verurteilt. Zürichsee-Zeitung, 7. Juni 2005.
47 exit.ch/verein/der-verein/statuten.
48 Matthias Ackeret: Die Sterbehilfe in der Schweiz ist längst außer Kontrolle. 4. Januar 2019 auf swissinfo.ch.
49 Jürg Wiler: Sterbehilfe: Die Zahlen sprechen für die Seriosität der Organisationen. 10. Januar 2019 auf swissinfo.ch.
50 Vgl. hier und im Folgenden: Zürcher Landzeitung, 24. April 2009: Auch hohe Kosten sind nicht gesetzeswidrig (cb).
51 Exit-Info 3/2015: «Wie viel darf Sterbehilfe kosten? (BS/JW).
52 Simonetta Sommaruga: Ich will mich nicht verhärten lassen. Interview, Version 26. August 2011: ejpd.admin.ch/ejpd/de/home/aktuell/reden---interviews/interviews/archiv/interviews-simonetta-sommaruga/2011/2011-08-26.html.
53 Saskia Freit: Jahresbericht 2018: exit.ch/verein/jahresberichte/jahresbericht-2018.
54 Paul-David Borter: Modell 2030: Parat für die Zukunft. Exit-Info 2/2020.
55 Michael De Ridder (2017): Abschied vom Leben: Von der Patientenverfügung bis zur Palliativmedizin. Ein Leitfaden, S. 62.
56 Kongregation für die Glaubenslehre (2020): Samaritanus bonus. Schreiben über die Sorge an Personen in kritischen Phasen und in der Endphase des Lebens.
57 Vgl. dazu und alle folgenden Zitate von Epikur: Epikur. Ausgewählte Schriften, übersetzt und herausgegeben von Christof Rapp 2010.
58 Augustinus: Predigt 150.10.
59 Hans Küng (2014): Glücklich sterben?, S. 25.
60 Ebenda, S. 26.

61 Walter Jens & Hans Küng (2010, Neuausgabe): Menschenwürdig sterben. Ein Plädoyer für Selbstverantwortung, S. 53.
62 Ebenda, S. 115.
63 Hans Küng (2014): Glücklich sterben?, S. 25.
64 Eine von Hans Küng oft gestellte rhetorische Frage. Etwa in: Weil ich an ein ewiges Leben glaube (2013), Interview mit der Katholischen Presseagentur Kipa: kath.ch/newsd/weil-ich-an-ein-ewiges-leben-glaube.
65 Tilman Jens (2009): «Demenz. Abschied von meinem Vater, S. 7.
66 Ebenda, S. 4.
67 Ebenda, S. 7 ff.
68 Vgl. hier und im Folgenden: Walter Jens & Hans Küng (2010, Neuausgabe): Menschenwürdig sterben. Ein Plädoyer für Selbstverantwortung, S. 11 f.
69 Tilman Jens (2009). Demenz. Abschied von meinem Vater, S. 118.
70 Vgl. etwa: tagesspiegel.de/gesellschaft/panorama/leute/1561850.html.
71 Tilman Jens (2015): Du sollst sterben dürfen. Warum es mit einer Patientenverfügung nicht getan ist (eBook), Kap. 1.
72 Raimund Klesse: Sterbehilfe für Demente ist fürchterlich. Basler Zeitung, 23. Februar 2018.
73 Tilman Jens (2015): Du sollst sterben dürfen. Warum es mit einer Patientenverfügung nicht getan ist (eBook), Kap. 1.
74 Vgl. dazu auch Claudia Borter: Früher bahnbrechend, heute selbstverständlich. Exit-Info 1/2021.
75 Epiktet: Handbüchlein der Moral, 5.
76 Psalm 139: 9–10, zitiert nach der Zürcher Bibel.
77 Epiktet: Gespräche, III.24.
78 Epiktet: Handbüchlein der Moral, 1.
79 Paulus: Brief an die Kolosser 1.14, zitiert nach der Zürcher Bibel.
80 Epiktet: Gespräche, IV.9.
81 Ebenda, IV.1.
82 Ebenda, II.1.
83 Ebenda, I.24.
84 Ebenda, I.9.
85 Schweizerische Akademie der Medizinischen Wissenschaften (SAMW) (2018): Umgang mit Sterben und Tod, S. 27.
86 human-life.ch/2018/06/06/neue-samw-richtlinien-die-antithese-zum-hippokratischen-eid.
87 Schweizer Bischofskonferenz SBK: Seelsorge und assistierter Suizid. 6. Dezember 2019.
88 Vgl. dazu: Schweizerische Akademie der Medizinischen Wissenschaften (SAMW): Richtlinien «Umgang mit Sterben und Tod»: Stellungnahme zum Entscheid der FMH. 24. Oktober 2018.

89 Entscheid des Schweizerischen Bundesgerichts 133 I 58, Erw. 6.3.4: relevancy.bger.ch/php/clir/http/index.php?highlight_docid=atf%3A%2F%2F133-I-58%3Ade&lang=de&type=show_document.
90 Vgl. dazu und im Folgenden Exit-Info 3/2012, S. 6 ff.
91 srf.ch/play/tv/glanz--gloria/video/prix-courage-fuer-rolf-sigg?urn=urn:srf:video:055ce4d2-16d7-4dbc-8ed9-aec7c7794f67.
92 beobachter.ch/kandidatur-1-rolf-sigg.
93 human-life.ch/2014/11/07/beobachter-prix-courage-geht-an-lebensretter-adrian-roggensinger-und-nicht-an-frau-anne-marie-rey.
94 Rolf Sigg (1998): Freiwillig in Würde sterben. S. 15.
95 Kongregation für die Glaubenslehre (2020): «Samaritanus bonus. Schreiben über die Sorge an Personen in kritischen Phasen und in der Endphase des Lebens».
96 So in einer Rede vom 15. Juli 2012: Welche Aufgabe, welche Rolle hat der Staat, wenn es um Suizidhilfe geht?: ejpd.admin.ch/ejpd/de/home/aktuell/reden---interviews/reden/archiv/reden-simonetta-sommaruga/2012/2012-06-15.html.
97 Rolf Sigg (1998): Freiwillig in Würde sterben. Nach 370 Freitodbegleitungen begründet ein reformierter Pfarrer seine Handlungsweise und berichtet von seinen Erfahrungen. Eine Denkschrift.
98 Edith Lier: Anleitungen zum Freitod. Schweizer Illustrierte. 16. März 1987.
99 Positionspapier SGG/SFGG/SGAP (2014): Suizidbeihilfe für alte Menschen. Stand Februar 2014.
100 Hans Küng (2014): Glücklich sterben. S. 45.
101 Protokoll der 35. ordentlichen Generalversammlung von EXIT (Deutsche Schweiz), Exit-Info 2/2017.
102 Lucius Annaeus Seneca: Brief an Lucilius, Brief 58.33.
103 Ebenda, 58.35.
104 Tacitus: Annalen, Buch 15.62 ff.
105 Lucius Annaeus Seneca: Von der Gemütsruhe, 11.4.
106 Lucius Annaeus Seneca: Von der Kürze des Lebens, 2.1.
107 Lucius Annaeus Seneca: Brief an Lucilius, Brief 26.10.
108 Ebenda, Brief 54.7.
109 Lucius Annaeus Seneca: Über die Vorsehung, 5.4.
110 Lucius Annaeus Seneca: Brief an Lucilius, 70.12.
111 Kongregation für Glaubenslehre (2020): Samaritanus bonus- Schreiben über die Sorge an Personen in kritischen Phasen und in der Endphase des Lebens.

112 Entscheid des Schweizerischen Bundesgerichts 133 I 58, Erw. 6.1.
113 Jan Dirk Herbemann: Radikale Lösung, Spiegel 34/2001.
114 Philipp Burkhardt: Exit wollte junge Frau in den Tod schicken. Sonntags-Zeitung, 28. Februar 1999.
115 Georg Bosshard, Martin Kiesewetter, Klaus Peter Rippe & Christian Schwarzenegger: Suizidbeihilfe bei Menschen mit psychischen Störungen. Unter besonderer Berücksichtigung der Urteilsfähigkeit. Exit-Info 2/2004.
116 Vgl. hierzu und im Folgenden: Daniel Foppa: Übergabe des tödlichen Gifts bleibt straffrei. Tages-Anzeiger, 8. Januar 2009.
117 Sterbehilfe aus evangelischer Sicht. Stellungnahme des Kirchenrates zur «Kultur des Sterbens». Neue Zürcher Zeitung, 3. März 2000.
118 Neue Zürcher Zeitung, 4. Mai 2000, S. 51.
119 Exit-Info 2003/1, S. 29.

Kathryn Schneider-Gurewitsch
Reden wir über das Sterben
Vermächtnis einer Ärztin und Patientin

Als Kathryn Schneider-Gurewitsch zum dritten Mal an Krebs erkrankt, weiß sie, dass er diesmal unheilbar ist. Es wird ihr klar, dass sie nicht mehr lange zu leben hat. Wie viele Menschen wünscht sie sich einen guten Tod. Aber was heisst das konkret, wenn es dem Ende zugeht?

Sie beginnt ihre Erfahrungen als Ärztin, die jetzt eine Patientin ist, niederzuschreiben. Als Fachfrau, die beide Seiten kennt, geht sie den wichtigen Fragen am Lebensende nach: Was wünschen sich Sterbende, und was erleben sie in Realität? Wie sterben Ärztinnen und Ärzte selbst? Was verhindert, dass sich Arzt und Patient am Lebensende verstehen? Sie erörtert sinnlose und nutzlose Therapien, das Machbare und das Bezahlbare, die Patientenverfügung, den assistierten Suizid, die Nöte der Patienten wie der Ärzte. Und sie beschreibt, was Menschen auf dem Weg in den Tod hilft. «Reden wir über das Sterben» hat einen Informationswert und eine Authentizität, die seinesgleichen suchen, und das Buch macht Mut, sich mit diesen letzten Fragen auseinanderzusetzen.

«Ein wegweisendes Sachbuch.» *Forum für Sterbekultur*

«Dieses Buch ist von großer Aktualität und Eindrücklichkeit. Ich bin tief berührt und habe sehr viel daraus gelernt.» *Prof. Dr. Udo Rauchfleisch*

limmatverlag.ch

Yusuf Yeşilöz
Nelkenblatt
Roman

Die alte Elsa braucht nach einer Herzoperation eine Rundumbetreuung, ins Pflegeheim wollte sie nicht. Jetzt steht da in ihrer Küche Pina, eine junge Migrantin, Flüchtling aus politischen Gründen, die ihr Studium unterbrochen hat. Sie soll im Haus wohnen und Elsa helfen vom Aufwachen bis zum Einschlafen.

Oder mehr als helfen: Elsas Tochter Luzia weiß genau, was für ihre Mutter gut ist, sie müsse unbedingt mehr essen und jeden Tag an die frische Luft. Sicherheitshalber schickt sie Rezepte per SMS.

Aber Elsa mag sich nichts vormachen, sie spürt ihre innere Uhr genau. Viel lieber will sie Pina kennenlernen, woher sie kommt, warum sie im Exil ist, wie ihre Mutter gestorben ist, ob sie liebt oder geliebt hat. Und so entsteht eine feine Verbindung zwischen den beiden Frauen, der jungen Pina, die eine Krise des Exils durchlebt, und Elsa, die ihrem letzten Aufbruch entgegensieht.

«Eine genaue Beobachtungsgabe, ein feines Sensorium für menschliche Eigenheiten und leisen Humor zeichnen ‹Nelkenblatt› aus.» *NZZ Bücher am Sonntag*

«Eine Schicksalsgemeinschaft auf einem Stück Lebensweg, auf dem es keine Alternativen mehr gibt.» *literaturblatt.ch*

limmatverlag.ch

Dieses Buch wurde mit finanzieller Unterstützung durch den Förderverein des Limmat Verlags realisiert.

Für die Unterstützung dieses Buchs danken Autorin und Verlag der UBS Kulturstiftung, Kultur Stadt Zürich, der Stadt Dübendorf sowie der Fachstelle Kultur der Gemeinde Thalwil.

Im Internet
› Informationen zu Autorinnen und Autoren
› Hinweise auf Veranstaltungen
› Links zu Rezensionen, Podcasts und Fernsehbeiträgen
› Schreiben Sie uns Ihre Meinung zu einem Buch
› Abonnieren Sie unsere Newsletter zu Veranstaltungen
  und Neuerscheinungen
› Folgen Sie uns 𝕐 ⓘ ⒻＦ

Das *wandelbare Verlagsjahreslogo* auf Seite 1 zeigt Leselampen aller Art, Linoldruck von Laura Jurt, Zürich, laurajurt.ch

Der Limmat Verlag wird vom Bundesamt für Kultur mit einem Strukturbeitrag für die Jahre 2021–2024 unterstützt.

Typografie und Umschlaggestaltung: Trix Krebs
Korrektorat: Dominik Süess
Druck und Bindung: Friedrich Pustet, Regensburg

2. Auflage 2021

ISBN 978-3-03926-017-1
© 2021 by Limmat Verlag, Zürich
www.limmatverlag.ch